राष्ट्रीय काव्यधारा

राष्ट्रीय काव्यधारा

सम्पादक
डॉ. कन्हैया सिंह
डॉ. कैलाशनाथ सिंह

वाणी प्रकाशन
प्रकाशन के उत्कृष्टतम 63 वर्ष

सजिल्द पहला संस्करण : 1992
सजिल्द दूसरा संस्करण : 2026

vaniprakashan.com

वाणी प्रकाशन

4695, 21-ए, दरियागंज, नयी दिल्ली-110 002

फ़ोन : + 91 11 23273167, 23275710

शाखाएँ

अशोक राजपथ, पटना-800 004, बिहार

कॉफ़ी हाउस कैम्पस, महात्मा गांधी मार्ग, प्रयागराज-211 001, उत्तर प्रदेश

महात्मा गांधी अन्तरराष्ट्रीय हिन्दी विश्वविद्यालय, वर्धा-442 001, महाराष्ट्र

sales@vaniprakashan.in
vaniprakashan@gmail.com

Rashtriya Kavya Dhara
Edited by Dr. Kanhaiya Singh, Dr. Kailashnath Singh

ISBN : 978-81-7055-251-2
Poems

मूल्य : ₹ 395

जी.एस. ऑफ़सेट, दिल्ली-110 095 में मुद्रित

वाणी प्रकाशन का लोगो मक़बूल फ़िदा हुसैन की कूची से

भूमिका

राष्ट्र किसी भौगोलिक-राजनीतिक इकाई के निवासियों की सामूहिक चेतना का नाम है। इस चेतना के विकास में उस देश के भूगोल से अधिक उसके इतिहास का हाथ होता है। सुदीर्घ इतिहास की परंपराओं में राष्ट्र की एक प्रवहमान संस्कृति जन्म लेती है। युग के प्रवाह में संस्कृति की बाह्य झंकृति में अन्तर आता रहता है, पर उसका मूल स्वर बना रहता है। इस दृष्टि से हम विचार करते हैं तो इस निष्कर्ष पर पहुँचते हैं कि भारत एक प्राचीन राष्ट्र है जिसकी अपनी एक चिरंजीवी संस्कृति है। वेद, शास्त्र, पुराण और काव्य उसी संस्कृति की विवृति हैं।

संस्कृति का स्वरूप विज्ञान की भाँति सार्वभौम नहीं होता; संस्कृति राष्ट्र की आत्मा होती है। डॉ० वासुदेवशरण अग्रवाल संस्कृति का राष्ट्र के साथ अनिवार्य संबंध मानते हैं। उनके अनुसार विचार और कर्म के क्षेत्र में जो राष्ट्र का सर्जन है, वही उसकी संस्कृति है। संस्कृति मनुष्य के भूत, वर्तमान और भावी जीवन का सर्वांगपूर्ण प्रकार है। हमारे जीवन का ढंग हमारी संस्कृति है।

संस्कृति राष्ट्र-निर्माण की सबसे महत्त्वपूर्ण कड़ी होती है। भारत की राष्ट्रीयता की सच्ची पहचान यहाँ की अपनी संस्कृति है। डॉ० आबिद हुसेन ने भारत की राष्ट्रीय संस्कृति के संदर्भ में लिखा है कि संस्कृति का निवास व्यक्तियों के समुदायविशेष में होता है, जिसे हम समाज कहते हैं। जब किसी समाज में राजनीतिक एकता के साथ सांस्कृतिक एकता भी होती है, तभी उसे राष्ट्र कहा जाता है। सांस्कृतिक एकता के कारण ही राष्ट्र में मूलभूत एकता का निर्माण होता है, जो विकट परिस्थितियों में भी राष्ट्र को अमर बना सकती है। भारत राष्ट्र के संबंध में यह बात अक्षरशः सत्य है। अत: हमें अपनी उस एकता- विधायिनी संस्कृति का साक्षात्कार करना चाहिए।

समाज की सर्वोत्तम उपलब्धियों की सामूहिक संज्ञा 'संस्कृति' है। भारतीय संस्कृति विश्व की प्राचीनतम संस्कृतियों में एक है। यहाँ वेदों के काल से लेकर आज तक साहित्य की एक ऐसी अविच्छिन्न और अविरल धारा मिलती है, जिसमें

यहाँ की पुरातन संस्कृति के दिव्य रूप का दर्शन होता है। राम और कृष्ण जैसे महामानवों के उदात्त चरित्र से यहाँ की संस्कृति और साहित्य अभिभूत हैं। ये मानव-रत्न अपने समाज के लिए जीवन जीते रहे। समाज के कष्टों से उन्होंने वेदना का अनुभव किया। इन लोगों ने समाज के लिए संगठन और संघर्ष किया। अपने व्यक्तिगत जीवन के सुखों को तिलांजलि देकर इन्होंने समाज के लिए अपना सर्वस्व अर्पण कर दिया। इनके इस महान कृतित्व को स्मरण करते हुए भारतवासियों ने इन्हें न केवल महापुरुष और महामानव कहा, बल्कि इन्हें साक्षात् ईश्वर के रूप में प्रतिष्ठित किया। मनुष्य और समाज के जीवन के सर्वोत्तम तत्त्व इन महापुरुषों के जीवन में ऐसे एकत्र हुए हैं कि हम कह सकते हैं कि यदि भारतीय संस्कृति का मूर्त रूप कहीं देखना हो तो राम और कृष्ण का चरित्र देखना चाहिए।

भारत एक विशाल देश है। यहाँ उत्तर में नगाधिराज हिमालय है जो विश्व में सबसे ऊँचा पर्वत है तो दक्षिण में प्रशान्त महोदधि-जिसकी गहराई कोई नाप नहीं सका। हिममंडित हिमवान के शिखर भारत माता के शीश पर मुकुट जैसे शोभित हैं और कन्याकुमारी के रम्य तट पर लहराने वाला अम्बुधि मानो शीश पटक-पटक कर इस भारत माता के चरण पखारता है और इसकी उत्ताल तरंगें माँ के पदनख का स्पर्श करके शान्ति पाती हैं। यहाँ फूलों से लदी और केसर से सजी कश्मीर की कुंकुम क्यारियाँ हैं और नारिकेल-पुंगीफल की रम्यता और हरीतिमा से संयुक्त केरल की तटभूमि है जो सागर से गला मिलाकर अठखेलियाँ करती रहती है। यहाँ उत्तर भारत की हरी-भरी उर्वरा भूमि है तो राजस्थान के मरुस्थल और दकन की पठारी और पथरीली भूमि भी है। यह तीन मौसमों और छः ऋतुओं का सुहावना देश है। यहाँ की प्रकृति ने वह सब कुछ जुटाया है जो कहीं भी विश्व में है। ऐसी ही रम्य वसुंधरा पर देवता क्या स्वयं भगवान मानव-तन धारण करके नर-लीला करने को लालायित रहते हैं।

'भारतवासी' संज्ञा के साथ कोई एक रूप-रंग नहीं बल्कि अनेक रंग-रेखाओं से बनी हुई एक मनोरम आकृति हमारी आँखों के सम्मुख उभरती है। कश्मीर की गोराई, गंगा तट का गेहुआ रंग और तमिल प्रान्त का काला रंग एक साथ उजागर हो उठता है। पंजाबी की दाढ़ी कलँगी और पंजाबिनों का लहँगा सलवार, राजस्थानी गलमुच्छे और घाघरदार चूनर, बंगाली की पान-पीकभरी मुखाकृति और ढीली-ढाली धोती, मराठी की कसी हुई धोती, नाटा कद और दोकच्छा बाँधे कर्मठ महिलाएँ और दक्षिण भारतीयों की लुंगी और फूलों से श्रृंगारित बालों वाली तरुणियाँ एक साथ भारत का भव्य चित्र बनाती हैं।

रूप-रंग, वेश-भूषा, खान-पान की इन इन्द्रधनुषी विविधताओं में भी एक आन्तरिक एकता का सूत्र विद्यमान है। यह एकता है इनकी एक महान संस्कृति। प्राचीन काल से इनकी इस महान सांस्कृतिक एकता के सेतु का निर्माण धर्म ने किया था। अनेक विविधताओं के साथ भी सारे लोग भारतवासी थे। वे उत्तर में बदरीनाथ-केदारनाथ से लेकर दक्षिण में रामेश्वरम् और कन्याकुमारी तक तथा पूरब में गंगासागर और जगन्नाथपुरी से लेकर पश्चिम में द्वारिकाधाम और सोमनाथ तक को अपनी तीर्थभूमि मानते हैं। दक्षिणवासी रामेश्वरम् और कन्याकुमारी के जल से बदरी-केदारनाथ का अभिषेक कराकर पुण्यलाभ लेता है तो उत्तरवासी गंगोत्री के जल से रामेश्वरम् के शिवलिंग और कन्याकुमारी देवी का अभिषेक करते हैं। हरिद्वार, प्रयाग, रामेश्वरम् आदि के कुम्भपर्वों पर सारा भारत एक साथ उमड़ पड़ता है / भाषा-वेश, रूप-रंग, खान-पान का भेद इस अन्तर- ज्योति में धूमिल पड़ जाता है। एक साथ एक पंक्ति में उत्तरभारतीय और दक्षिणवासी अपने पत्र-पुष्प हाथों में लेकर देवार्पण को बढ़ते हैं। अज्ञात प्राचीनता के धुर-अंधकार से प्रारम्भ होने वाले हमारे इतिहास से चली आ रही यह एकता हमारी संस्कृति की आत्मा है।

कौन ऐसा भूभाग है, जहाँ समस्त भारतवासियों के लिए मोक्ष प्रदान करने वाले तीर्थधाम नहीं हैं। उत्तर प्रदेश में अयोध्या, मथुरा और काशी हैं तो तमिलनाडु में कांचीपुरम्, रामेश्वरम्, कन्याकुमारी और मीनाक्षी हैं। असम में कामख्यादेवी, बंगाल में कलकत्ते की काली, उड़ीसा में जगन्नाथपुरी, गुजरात में द्वारिकाधीश- सोमनाथ, आंध्र में तिरुपति बालाजी, महाराष्ट्र में मुम्बादेवी। कहाँ तक गणना की जाय-इस धरती का तो कण-कण भगवान कहा गया है। इसी धार्मिक-सांस्कृतिक एकता को स्मरण करने के लिए भारतवासी भले ही अपने कुएँ के जल से स्नान करता था तो भी मंत्र उचारता था :

गंगे च यमुने चैव गोदावरी सरस्वती,
नर्मदे सिन्धु कावेरी जलेऽस्मिन् सन्निधिं कुरु।

इस आन्तरिक एकसूत्रता को लक्ष्य करके ए. जे. अप्पास्वामी ने कहा है: 'भारत की संस्कृति ने मुख्यत: धार्मिक प्रवाह का अनुगमन किया। यहाँ की सांस्कृतिक विभिन्नताएँ प्रान्तीय, भाषाई या जातीय धाराओं का अनुगमन कर सकती थीं, पर ऐसा नहीं हुआ। एक शक्तिशाली, सुगठित, उत्साही तथा स्फूर्त पंजाबी में तथा एक लघुकाय, काले, धर्मप्रवृत्त तमिल में जिसके मुख पर चिन्तनपरक झुर्रियाँ हैं, कितना अन्तर है? फिर भी वे दोनों हिन्दू हैं (भारतीय हैं) और उनकी संस्कृति में वास्तविक ऐक्य है।'

भारतीय संस्कृति का उत्कर्ष उसके ज्ञान क्षेत्र में भी झंकृत होता है। हमारा देश एक धर्म-आध्यात्मप्रधान देश रहा है। धन-धान्य और कला कौशल की व्यापक समृद्धि के साथ यहाँ ज्योतिष, खगोल, धनुर्विद्या, आयुर्वेद, मंत्रविद्या और गणित का ज्ञान उत्कर्ष पर पहुँचा हुआ था। उसकी इस महिमा का बखान विदेशियों ने भी मुक्त कंठ से किया है। फाहियान और ह्वेनसांग जैसे चीनी यात्रियों के विवरणों, इब्नबतूता और फरिश्ता जैसे इतिहास-लेखकों तथा अन्य भी अनेक प्राचीन उल्लेखों में यहाँ के विकसित ज्ञान-विज्ञान और यहाँ की समृद्धि का वर्णन मिलता है। सैयद सुलेमान नदवी के अनुसार 'महात्मा मसीह से दो शताब्दी पहले आग़ा थरशीदस नामक यूनानी इतिहास-लेखक लिखता है कि जहाज भारत के समुद्रतट से यमन आते हैं और वहाँ से मिस्र पहुँचते हैं। एक दूसरे अरब यात्री ने लिखा है कि 'भारत का समुद्र मोती है, उसका पर्वत लाल है और उसके वृक्ष इत्र हैं।' गणित का ज्ञान तो भारतवासियों को इतना था कि यहीं से अंक-विद्या विश्व के अन्य देशों में पहुँची। अरब में इसी से इसे 'हिन्दसा' कहते हैं। अरब से जब यह विद्या योरोप में गयी तो इसे 'अरबिक साइनस' कहा जाने लगा। इब्न खलकान के अनुसार 'भारत के निवासी गणित और ज्योतिष में बढ़े हुए हैं और उनकी एक विशेष भारतीय लिपि है। विचार और चिन्तन की विद्या भी उन्हीं के पास से आयी है। वे ऐसा मन्त्र जानते हैं कि यदि उसे पढ़ दें तो विष का प्रभाव निरर्थक हो जाय।'

हमारी स्थापत्य और संगीत कलाएँ भी अपना शानी नहीं रखतीं। अनेक राग-रागिनियों के निर्माण द्वारा संगीत को एक शास्त्रीय रूप प्रदान किया गया है। उसमें ऐसे राग थे कि उनकी स्वर साधना से साँप मन्त्र-मुग्ध हो जाता था, दीपक जल उठते थे और मेघ वर्षा करने लगते थे। स्थापत्य कला का रूप दक्षिण भारत के मन्दिरों में देखने को मिलता है। तंजौर का वृहदीश्वर मन्दिर, श्रीरंगम् का विशाल मन्दिर, मीनाक्षी मन्दिर की कला कृतियाँ और कोणार्क के सूर्य-मन्दिर के भग्नावशेष हमारी कला और संस्कृति की गौरव गाथा गाते हैं। अजन्ता और एलोरा की गुफाओं के भित्तिचित्र और उनके रंग, सिन्धु घाटी के नगरीय भग्नावशेष तथा हाथी गुफा की विशाल प्रस्तर मूर्तियाँ आश्चर्य में डाल देती हैं। इसी प्रकार की वैभवपूर्ण स्थिति आयुर्वेद और शल्यचिकित्सा आदि की भी थी। युद्ध-विद्या में भी हम किसी से कम नहीं थे। अग्नि और जल की वर्षा करने वाले बाणों से आधुनिक बमों और संहार करके वापस आने वाले बाणों से क्षेप्यास्त्रों का अनुमान होता है। आकाश मार्ग में गमन करने वाले पुष्पक आदि विमानों का वर्णन कोई कवि-कल्पना नहीं है।

भारतीय साहित्य आध्यात्मिक रंग में रँगा हुआ है। उसमें उत्तर से दक्षिण और

पूरब से पश्चिम तक एक राग और एक ही स्वर गुंफित हुआ है। वेदों, उपनिषदों, पुराणों और संस्कृत के काव्यों से प्रारम्भ हुई ईश्वर-भावना और 'तेन त्यक्तेन भुञ्जीथा:' में त्यागमयी भावना का निदर्शन ही हिन्दी, बंगला, उड़िया, मराठी, गुजराती, तमिल, तेलुगु, मलयालम और कन्नड़ आदि समस्त भाषाओं के साहित्य में मिलता है। यह भी सरस्वती की कैसी अन्त:धारा है कि सभी भाषाओं की अपनी लिपियाँ अलग हैं, सबके अपने व्याकरण अलग हैं, एक भाषा-भाषी दूसरे की भाषा समझ नहीं सकता, पर सभी भाषाओं के संतों और कवियों के हृदय के तार ऐसे मिले हुए हैं कि सबकी वीणा से एक ही स्वर झंकृत होता है। तुलसी हों, कम्ब हों, कृत्तिवास हों सबके चरित नायक राम हैं। सूर हों, मीरा हों, नरसी मेहता हों या साधु शंकरदेव हों, सबकी वाणी में कृष्ण की लीला-माधुरी आप्त-व्याप्त है। रामायण और महाभारत की अनेक कहानियाँ हमारी समस्त भाषाओं के साहित्य को आच्छादित किये हुए हैं। ऐसी एकता और प्राणमयी अन्तर्धारा का दिव्य रूप विश्व के किसी अन्य देश में शायद ही देखने को मिले। यह है भारतीय संस्कृति की गरिमा और महानता।

भारतीय संस्कृति अनेकता में एकता की अधिष्ठात्री भी है। वह विविधता में एकता की प्रतिनिधि और प्रतीक है। वह फूलों की एक क्यारी है जिसमें अलग-अलग रंग के फूल खिले हैं। अलग-अलग उनकी गंध है पर सब मिलकर उस क्यारी की शोभा हैं। सबके समर्पण से यह क्यारी सजी है और इनमें से एक फूल भी मुरझा जाय तो यह क्यारी उदास हो जाती है। भारतीय संस्कृति माता सरस्वती के हाथों में विराजमान वीणा है जिसमें अनेक तार हैं और अलग-अलग उनकी अपनी स्थिति भी है, पर सब मिलकर एक स्वर और एक संगीत का सृजन करते हैं और वह स्वर-संगीत है हमारी राष्ट्रीय संस्कृति। हमारी सांस्कृतिक एकता हमारी राष्ट्रीयता की आधारशिला है। इस सांस्कृतिक दृष्टि की विशेषता है इसकी उदारता, त्याग-वृत्ति, समन्वय-भावना और सर्वहित-कामना। अपने इन्हीं गुणों के कारण भारतीय संस्कृति ने शक-हूणों से लेकर आज तक अनेक विदेशी संस्कृतियों के आघात को सहा और सबके उदात्त तत्त्वों को अपने अन्दर समेट लिया। विश्व की सभी प्राचीन संस्कृतियाँ समाप्त हो गयीं, पर भारतीय संस्कृति अपने इन्हीं गुणों के कारण आज भी जीवित है। शायर इकबाल के शब्दों में :

यूनान मिस्त्र रोमाँ सब मिट गये जहाँ से,
कुछ बात है कि हस्ती मिटती नहीं हमारी।

वह 'बात' हमारी भारतीय संस्कृति ही है, जो हमें एक राष्ट्र के रूप में जीवन्त

शक्ति और प्रेरणा प्रदान करती है और उसी के अमृत स्पर्श से यह राष्ट्र अमर है। विश्व के मानचित्र पर राष्ट्रों का उदय अस्त और संस्कृतियों का जन्म व लोप होता रहा है, पर हमारी संस्कृति राजनीतिक पराधीनता के काल में भी अजेय और अमर बनी रही। यही स्थिति इस राष्ट्र की भी है। राजसत्ता भले ही विदेशी रही हो, पर इस राष्ट्र की शक्ति जाग्रत रही; कभी राणा प्रताप, गुरु गोविन्द, शिवाजी, तिलक, गांधी के रूप में, कभी दयानन्द, रामकृष्ण, विवेकानन्द, रामतीर्थ, अरविन्द के स्वर में, कभी झाँसी की रानी, सुभाषचन्द्र, भगत सिंह, चन्द्रशेखर आज़ाद की ललकार में और कभी कालिदास, तुलसी, रहीम, रसखान, जायसी, भूषण और लाल की वाणी में। हमारी इस राष्ट्रीयता के पीछे हमारी सांस्कृतिक चेतना का पाथेय सतत रहा है और यही कारण है कि हम अपनी अस्मिता और पहचान को बनाये हुए आज भी विश्व के मानचित्र पर विद्यमान हैं और हमसे बहुत पीछे की राष्ट्रीय शक्तियाँ काल के गर्त में समा गयीं।

आधुनिक राष्ट्रीय कविता

हिंदी साहित्य के इतिहास के आधुनिक काल का प्रारम्भ भारतेंदु हरिश्चंद्र से माना जाता है। भारतेंदु का जन्म 1850 ई. में हुआ था। इसके पूर्व हिंदी साहित्य में कविता का ही प्राधान्य था और उसके वर्ण्य विषय मुख्यत: भक्ति एवं श्रृंगार तक ही केंद्रित हो गये थे। भारतेंदु के समय में हिंदी साहित्य में गद्य की विभिन्न विधाओं का आविर्भाव हुआ। गद्य की भाषा खड़ी बोली के रूप में प्रतिष्ठित हुई और धीरे-धीरे इसी ने काव्य-भाषा का स्थान भी ग्रहण कर लिया। इस समय तक भारतीयों का विश्व के अन्य स्वतंत्र और प्रगतिशील देशों के साथ संपर्क प्रारंभ हो गया था। प्रेस और समाचार-पत्रों का प्रसार होने लगा। कवि और साहित्यकार अपने युगीन संदर्भ के साथ जुड़ने लगे। फ्रांस की राज्यक्रांति ने राज-सत्ता के स्थान पर जनसत्ता और सामंतवाद के स्थान पर शोषणमुक्त समाज की स्थापना की भावना से स्वतंत्रता और समानता की चेतना को जन्म दिया। इस स्वर को फूँकने में रूसो और वाल्टेयर की लेखनी ने सबसे महत्त्वपूर्ण भूमिका निभायी। योरप की समूची मध्यकालीन सामंतवादी संस्कृति के विरुद्ध यह एक आधुनिक क्रांति थी, जिसकी लहर योरप में ही नहीं, सारी दुनिया में फैली। हिंदी साहित्य में जिस समय से इस आधुनिक संवेदना के स्वर फूटने शुरू हुए, वहीं से आधुनिक काल का प्रारंभ माना जाता है।

पृष्ठभूमि

1850 ई. के आसपास उत्तर भारत में नवीन सामाजिक, धार्मिक एवं राजनीतिक चेतना का प्रसार दृष्टिगत होता है। 1857 ई. में सर्वप्रथम भारतीय समाज ने अपनी

दीर्घकालीन पराधीनता से मुक्ति पाने के लिए योजनापूर्वक अँगड़ाई ली। झाँसी की रानी, नाना साहब पेशवा, तात्या टोपे, बहादुरशाह जफर, बाबू कुँवर सिंह आदि ने सामूहिक रूप से अंग्रेज़ी सत्ता का तख़्ता पलटने के लिए संग्राम का बिगुल बजाया। सेना के जवानों से लेकर गाँव की जनता तक ने आज़ादी की लड़ाई लड़ने वाले इन रण- बाँकुरों का जी-जान से साथ दिया। 1858 ई. तक उत्तराचंल के विभिन्न भागों में इस प्रथम स्वातंत्र्य समर की रणभेरी बजती रही। इस समर में भारतीयों को सफलता तो नहीं मिली, पर आज़ादी के लिए मचलने वाली भावना का वेग आगे भी प्रबल ही होता गया। 1885 ई. में अंग्रेज़ों ने ह्यूम नामक एक अंग्रेज़ से इंडियन नेशनल कांग्रेस की स्थापना करायी, जिसे एक बहस के मंच का रूप दिया गया था। उनकी दृष्टि थी कि इस मंच पर भारतीय अपने दिल का गुबार निकाल कर शांत हो जायेंगे। उन्होंने इसे 'सेफ़्टी वाल्व' के रूप में बनाया था; पर धीरे-धीरे लाजपत राय, तिलक, गोखले, गांधी, सुभाष आदि के नेतृत्व में यही उनके लिए स्वयं ख़तरा बन गयी। इस प्रकार उन्नीसवीं शताब्दी के मध्य से लेकर अंत तक भारतीय जीवन में स्वातंत्र्य, स्वाभिमान और निजत्व की प्रबल संवेदनाएँ प्रबुद्ध वर्ग के मानस को झंकृत करती रहीं।

राजनीतिक संवेदना से पहले ही हमारे देश में सांस्कृतिक चेतना के आधुनिक स्वर मुखरित हो गये थे। 1828 ई. में बंगाल में राजा राजमोहन राय ने ब्रह्म समाज की स्थापना की। उन्होंने हिंदू धर्म को तर्क संगत धार्मिक एवं सामाजिक भूमिका प्रदान करके शिक्षित वर्ग को अपनी ओर आकृष्ट किया। बाहरी उपासना, कर्मकांड एवं अंधविश्वासों को निरर्थक बताकर भीतर की अध्यात्म चेतना को जगाने का संदेश उन्होंने दिया। सामाजिक जीवन में मानव की समानता के आधार पर एक नवीन समाज-रचना के उद्‌देश्य से उन्होंने नारी स्वतंत्रता और सती प्रथा की समाप्ति जैसे महत्त्वपूर्ण सामाजिक विषयों को सफलतापूर्वक उठाया। मूलत: इन्हीं लक्ष्यों को ध्यान में रखकर महर्षि दयानंद सरस्वती ने 1875 ई. में आर्यसमाज की स्थापना की। स्वामी जी ने अपने धर्म और संस्कृति के प्रति आदर का भाव जगाया। उन्होंने प्राचीन वैदिक धर्म के पुनरुद्धार द्वारा अनेक धार्मिक-सामाजिक रूढ़ियों एवं कुप्रथाओं को समाप्त करने का प्रयास किया। बाल विवाह का निषेध तथा विधवा विवाह का प्रारंभ, मूर्तिपूजा एवं अन्य कर्मकांडों का विरोध, अवतारवाद का खंडन तथा एक ईश्वर की उपासना के प्रचार द्वारा उन्होंने आर्यधर्म को बुद्धिसंगत और तर्कसंगत बनाया। उन्होंने राष्ट्रीय भावना के उस सांस्कृतिक उत्स का निर्माण किया, जिसमें प्राचीन वैभवशाली भूतकाल की सही पहचान थी और जिसमें अपनी राष्ट्रीय संपर्क

की भाषा हिंदी के प्रति आत्मभाव और अपने सांस्कृतिक मानबिंदुओं को आघात पहुँचाने वाले से टकराने की प्रेरणा विद्यमान थी। स्वामी दयानंद का प्रत्यक्ष और परोक्ष प्रभाव भारत की समाज व्यवस्था, राजनीति और साहित्य तीनों पर व्यापक रूप से पड़ा।

राजा राममोहन राय और महर्षि दयानंद सरस्वती ने भारतीय मानस को जिस नवीन सांस्कृतिक जागरण से प्रदीप्त किया, उसे बल प्रदान करने वाले अनेक महापुरुष हुए जिनमें विचार और कार्यक्षेत्र की भिन्नता होते हुए भी लक्ष्यगत एकता थी। थियोसॉफिकल सोसायटी की नेत्री श्रीमती एनी बेसेंट, रामकृष्ण परमहंस, स्वामी विवेकानंद, स्वामी रामतीर्थ और योगी अरविंद उन विभूतियों में हैं जिनके विचारों से देश, समाज और साहित्य तीनों को वाणी प्राप्त हो सकी थी। इनके विचारों की छाप लगभग एक शताब्दी तक उत्तरी भारत की विभिन्न भाषाओं के साहित्य पर दिखायी पड़ती है।

राष्ट्रीय सांस्कृतिक नवजगारण के जिस काल में प्रथम स्वातंत्र्य समर व.. बिगुल बजा और कांग्रेस की नींव पड़ रही थी और जिस समय स्वामी दयानंद प्रभृति समाज-सुधारकों की सांस्कृतिक सरणि देश में निर्मित हो रही थी. उसी समय आधुनिक हिंदी साहित्य के पुरोधा अपनी भारती का आह्वान कर रहे थे कि वह 'हिंदी, हिंदू और हिंदुस्तान' के लिए समर्पित हो जाय। देशव्यापी नवजागरण के स्वर में स्वर मिलाकर चलने वाली हिंदी कविता की धारा को आलोचकों ने 'आधुनिक कविता' कहकर संबोधित किया। इस संदर्भ में आधुनिक शब्द का प्रयोग कालवाचक न होकर प्रवृत्ति-सूचक है।

हिंदी कविता का आधुनिक काल एक शताब्दी से अधिक कालावधि को पार कर चुका है। इस लंबे अंतराल में देश में राष्ट्रीय, सामाजिक, राजनीतिक एवं आर्थिक प्रश्नों पर विभिन्न विचारधाराओं के प्रभाव प्रकट हो चुके हैं, जिनकी छाया कविता की विभिन्न धाराओं पर भी दिखायी पड़ती है। आलोचकों ने हिंदी कविता के आधुनिक काल को निम्नलिखित पाँच युगों में विभक्त किया है :

(1) भारतेंदु युग (1870 ई. से 1900 ई.)
(2) द्विवेदी युग (1901 ई. से 1918 ई.)
(3) छायावाद युग (1919 ई. से 1936 ई.)
(4) प्रगतिवाद युग (1937 ई. से 1950 ई.)
(5) प्रयोगवाद और नयी कविता युग (1951 ई. से अब तक)

उपर्युक्त कालों में प्रवृत्तिविशेष के दर्शन होते हैं, यद्यपि इन युगों की सीमा के

बाहर भी कवियों ने स्वतंत्र रूप से गत युग की काव्य-प्रवृत्ति से युक्त रचनाएँ प्रस्तुत कीं।

भारतेंदु युग

भारतेंदु के समय में कविता की मुख्य धारा ब्रजभाषा की थी पर उन्होंने खड़ी बोली में कुछ अस्फुट रचनाएँ भी प्रस्तुत कीं। अपने नाटकों के गीत भी उन्होंने खड़ी बोली में लिखे। खड़ी बोली की इन कविताओं में उन्होंने वर्ण्य विषय भी नवीन लिये। जहाँ वे अपनी ब्रजभाषा कविताओं में मध्ययुगीन काव्य-विषय-राधा और कृष्ण से जुड़े हुए थे, वहीं खड़ी बोली में उनके विषय देशभक्ति भावना पर आधारित हो गये। उन्होंने भारत के गौरवपूर्ण अतीत का स्मरण करके उसे पुनः वापस लाने की कामना की। अंग्रेज़ी राज्य के आर्थिक शोषण पर मीठा प्रहार किया। राष्ट्रभाषा हिंदी, राष्ट्रभक्ति और राष्ट्रीय स्वाभिमान की भावनाओं से ओतप्रोत उनकी खड़ी बोली की कविताओं ने काव्य को युग की नवीन चेतना का धरातल प्रदान किया। यहाँ वायवी उड़ानों के स्थान पर यथार्थवादी स्वर की गूंज सुनायी पड़ी। सामाजिक कुरीतियों पर व्यंग्य प्रहार, व्यवस्था के सड़ेपन पर दृष्टि-निक्षेप तथा देश की अध:पतन और निर्धनता पर क्षोभ इसी भावना के व्यंजक थे। भारतेंदु में अंग्रेज़ी राज्य के प्रति भक्ति के साथ ही देश भक्ति की भावना थी। वे भारत . में अंग्रेज़ों के उन्नतिशील कार्यों के प्रशंसक थे, पर भारतीय समाज के आर्थिक शोषण एवं परानुकरण से चिंतित भी थे। उनकी कविता में आधुनिकता के बीज पड़े, जो कालांतर में पल्लवित और पुष्पित हुए।

भारतेंदु-मंडल के अन्य कवियों में पं. प्रतापनारायण मिश्र, अंबिकादत्त व्यास, राधाकृष्णदास, चौधरी बदरीनारायण 'प्रेमघन' आदि ने उनकी परंपरा को अग्रसर किया। पं. प्रतापनारायण मिश्र ने देश की दुर्दशा का चित्रण करने के साथ ही कुछ सामाजिक समस्याओं पर कविताएँ लिखीं। हास्य-व्यंग्य के माध्यम से वे महत्त्वपूर्ण बातें कहते थे । हिंदी भाषा और राष्ट्रीय संस्कृति के प्रति अनुराग उत्पन्न करने के साथ वे भारतेंदु से अधिक तीखे स्वर में अंग्रेज़ी राज्य को कोसते हैं :

तबहिं लख्यो जहँ रह्यो एक दिन कंचन बरसत।
तहँ चौथाई जन रूखी रोटिहुँ को तरसत।।
जहाँ कृषी वाणिज्य शिल्प सेवा सब माहीं।
देसिन के हित कछू तत्त्व कहुँ कैसेहु नाहीं।।

सामाजिक एवं राष्ट्रीय विषयों पर पं. बदरीनारायण चौधरी 'प्रेमघन' और पं. अंबिकादत्त व्यास की कविताओं का भी बड़ा महत्त्व है।

भारतेंदु युग में कविता के वर्ण्य विषय की नूतनता के साथ काव्य-भाषा की नूतनता का भी श्रीगणेश हो गया था। गद्य की भाषा खड़ी बोली बन चुकी थी। अत: यह आवश्यक था कि एकरूपता की दृष्टि से वही कविता की भाषा भी बने। साथ ही जब काव्य लोक की संवेदना के साथ जुड़ रहा था तो यह ज़रूरी था कि लोक व्यवहार की प्रमुख भाषा ही साहित्य की समस्त विधाओं की अभिव्यक्ति का माध्यम बने। इस दृष्टि से भी शुरुआत भारतेंदु ने कर दी थी, पर उनके काल के अंतिम चरण में पं. श्रीधर पाठक ने खड़ी बोली में अपनी 'एकांतवासी योगी' नामक लंबी कविता 1886 ई. में लिखी। पाठक जी की भाषा और छंद-योजना में प्रवाह था और उसने भावी खड़ी बोली को काव्यभाषा का सशक्त धरातल प्रदान किया। इसी समय बाबू अयोध्याप्रसाद खत्री ने खड़ी बाला के प्रचार-प्रसार का संकल्प लेकर उसे एक आंदोलन का रूप प्रदान किया। वे खड़ी बोली को ही वास्तविक हिंदी मानते थे, ब्रजभाषा को नहीं। इस प्रकार भारतेंदु युग में भाषा के संबंध में भी एक नूतन दृष्टि का उन्मेष हुआ, जिसने भावी हिंदी कविता-धारा को पूर्णत: प्रभावित किया।

भारतेंदु के समय में हिंदी के परंपरित छंदों-कवित्त, सवैया, रोला आदि के साथ ही कुछ नवीन ढंग के छंद-प्रयोग भी हुए। फारसी-उर्दू के छंदों का हिंदी में प्रयोग तथा लोकगीतों में प्रयुक्त छंदों का ग्रहण इस युग में प्रारभं हुआ। स्वयं भारतेंदु ने खड़ी बोली में फ़ारसी छंद में 'दशरथ-विलाप' नामक कविता लिखी। 'नज़ीर' अकबराबादी, कुंदनलाल 'ललित किशोरी' तथा फुंदनलाल 'ललित माधुरी' ने कृष्णभक्ति संबंधी रचनाएँ फ़ारसी छंद और खड़ी बोली में लिखीं। इस समय प्रचलित 'लावनी' और 'ख़्याल' जैसे लोकगीतों के रचनाकार भी खड़ी बोली में अपने पद्य रचने लगे थे। इन छंद-शैलियों का प्रभाव आगे भी काव्य-परंपरा पर पड़ा।

निष्कर्ष रूप में यह कहा जा सकता है कि भारतेंदु युग काव्य-विषय, काव्य-भाषा और छंद, तीनों दृष्टियों से आधुनिकता के सूत्रपात का युग था।

द्विवेदी युग

इस युग का प्रारंभ 1900 ई. से माना जाता है, जब से पं. माहवीरप्रसाद द्विवेदी के संपादकत्व में निकलने वाली 'सरस्वती' मासिक पत्रिका ने कवियों का मार्ग-दर्शन करना आरंभ किया। एक ओर आचार्य द्विवेदी ने खड़ी बोली का परिष्कार करके उसे हिंदी गद्य और पद्य के लिए एक सशक्त भाषा का रूप दिया और दूसरी ओर कवियों को समाज, देश और धर्म के लिए ही कलम चलाने का आह्वान किया। फलत: राष्ट्रीय भावना से ओत-प्रोत विविध विषयों पर कवियों की लेखनी चल पड़ी। किसी ने प्राचीन सांस्कृतिक महापुरुषों के जीवन का आख्यान लेकर

उसे नवयुग के लिए प्रेरणादायी रूप में प्रस्तुत किया तो किसी ने एकदम आधुनिक भारत की दशा का अंकन करके सुधार एवं जागरण का स्वर मुखरित किया। इस युग के कवियों में काव्य और भाषागत प्रयोगों की दृष्टि से अयोध्या सिंह उपाध्याय 'हरिऔध' का नाम अग्रगण्य है, पर देश और समाज की सच्ची दृष्टि को उजागर करने वालों में मैथिलीशरण गुप्त का नाम सर्वोपरि है। इस युग के अन्य राष्ट्रीय कवियों में रामचरित उपाध्याय, नाथूराम शर्मा 'शंकर', गयाप्रसाद शुक्ल 'सनेही', गोपालशरण सिंह, रामनरेश त्रिपाठी, माखलाल चतुर्वेदी आदि प्रमुख हैं।

द्विवेदी युग का काव्य केवल 'कविता कविता के लिए' के सिद्धान्त का पोषक नहीं था, प्रत्युत इस युग में 'कविता जीवन के लिए' लिखी गयी। "इस युग की कविता में राजनीतिक चेतना का गहरा प्रभाव है और कविता स्वतंत्रता आन्दोलन से पूर्णतया संबद्ध है। मातृभूति-प्रेम और स्वदेश- गौरव तो इस युग की कविता के. प्राण हैं। यथार्थ अनुभूति की व्यापक व्यंजना इस युग के काव्य की विशेषता है। वैचारिक क्रांति एवं युग की माँग ने प्राचीन थोथी मान्यताओं को हिला दिया। नयी आस्था, नये विश्वास और सर्वहित-कल्याण की भावना ने नये मूल्यों की स्थापना की। हिंदी कविता का आंतरिक-बाह्य सौंदर्य नयी भाषा में चमक उठा।"

द्विवेदी युग में खड़ी बोली ने काव्य भाषा का केवल स्थान ही ग्रहण नहीं किया, बल्कि उसका रूप भी निखर कर सामने आया। द्विवेदी जी ने उसे परिमार्जित और परिष्कृत करने में अथक परिश्रम किया। इस काल में खड़ी बोली में 'प्रियप्रवास' (हरिऔध), 'रामचरितचिंतामणि' (रामचरित उपाध्याय), तथा 'साकेत' (मैथिलीशरण गुप्त) जैसे महाकाव्यों की रचना हुई। इनमें संस्कृत-निष्ठ भाषा से लकर आमफहम की मुहावरेदार भाषा में काव्य-रचना के प्रयोग हुए। परंपरित छंदों के अतिरिक्त संस्कृत वर्णवृत्तों में प्रबंध काव्य लिखने और उर्दू छंदों में काव्य लिखने का प्रयास प्रचुर मात्रा में किया गया। काव्य रूप की दृष्टि से भी बहुत से नवीन प्रयोग द्विवेदी युग में हुए। 'प्रियप्रवास' अपने ढंग का एक अनूठा प्रबंध काव्य है, जिसमें परंपरा को छोड़कर नयी लीक बनायी गयी है। 'साकेत', 'यशोधरा', 'द्वापर', 'रामचरितचिंतामणि' आदि नये ढंग की प्रबंध रचनाएँ हैं।

द्विवेदीयुगीन काव्य पर आरोप लगाया जाता है कि उपदेश-वृत्ति एवं यथातथ्यवादिता होने के कारण उसमें काव्य की भावात्मकता का अभाव है। उसमें हृदय की ऊर्मियों की स्पर्श करने वाली कविता कम मिलती है। इस युग की कविता में इतिवृत्तात्मकता और शास्त्रीयता की प्रबलता मिलती है। पर इस युग के अंतिम चरण में कवियों की दृष्टि स्वच्छंदतावादी, अंतर्मुखी और भावाभिव्यंजक होने लगी।

श्रीधर पाठक, मैथिलीशरण गुप्त और मुकुटधर पांडेय के गीतों में इस प्रवृत्ति के दर्शन होने लगे थे। इस प्रवृत्ति का विकास आगे चलकर 'प्रसाद', 'पंत', 'निराला' आदि की कविताओं में पूर्ण रूप से मिलता है।

द्विवेदी युग के पश्चात् आधुनिक कविता में वस्तु विषय, भाषा-शिल्प और छंद की दृष्टि से कविता की धारा क्रमशः छायावाद, प्रगतिवाद तथा प्रयोगवाद या नयी कविता के रूप में प्रवाहित होती है।

वर्तमान युग

कवि अपने राष्ट्र और अपनी संस्कृति की उपज होता है। वह जब भी काव्य-रचना करता है, उसकी वाणी में उसकी राष्ट्रीयता या राष्ट्र-भावना प्रकट होती है। वह इतिहास के अमर वीरों, पौराणिक आदर्श महापुरुषों और अपनी राष्ट्रीय मान्यताओं को जब भी स्वर प्रदान करता है तो उसकी कविता राष्ट्रीय कविता होती है। इस दृष्टि से चंद, नाल्ह से लेकर कबीर, जायसी, सूर, तुलसी और यहाँ तक कि रीतिकालीन कवियों को भी राष्ट्रीय कवि कहा जा सकता है। राष्ट्र की संवेदना केवल युद्ध और रणवाद्यों में ही नहीं झंकृत होती है, प्रत्युत उसमें राष्ट्रीय मानबिन्दु, राष्ट्रीय महापुरुष, राष्ट्रीय रुचि, राष्ट्रीय प्रकृति और राष्ट्र के समस्त मानवों की संवेदना के सभी स्वर समाहित होते हैं। इस दृष्टि से वाल्मीकि और कालिदास से लेकर प्रसाद-पंत- निराला तक और उससे भी आगे के प्राणवान कवि निःसंदेह भारत और भारती के राष्ट्रीय कवि हैं।

पर 'राष्ट्रीय कविता' शब्द का प्रयोग आधुनिक युग में एक निश्चित संदर्भ में किया गया है और यहाँ वही संदर्भ अभिप्रेत भी है। वह 'देश के स्वाभिमान का प्रबल स्वर' है, जिसमें पहले स्वतंत्रता, समानता और बधुंत्व मुख्य विषय थे और अब स्वातंत्र्योत्तर जनतंत्र, राष्ट्रीय गौरव-गायन, राष्ट्रीय अस्मिता की रक्षा प्रमुख विषय बने।

वर्तमान युग में छायावाद के रूप में एक नवीन काव्य प्रवृत्ति का उदय हुआ, जिसके उन्नायक जयशंकर 'प्रसाद', सुमित्रानंदन पंत, सूर्यकान्त त्रिपाठी 'निराला', महादेवी वर्मा, डॉ. रामकुमार वर्मा आदि हैं। इन कवियों का मुख्य स्वर अन्तर्मुखी है जिसमें प्रकृति और प्रेम मुख्य प्रतिपाद्य विषय हैं। इसी कारण इन्हें पलायनवादी भी कहा गया। वस्तु-स्थिति यह है कि ये कवि भी राष्ट्रीय भावोच्छ्वास से ओतप्रोत दीखते हैं। 'प्रसाद' के कई गीत शुद्ध राष्ट्रोद्बोधन के गीत हैं। 'निराला' ने तो अनेकविध राष्ट्रभाव को स्वर प्रदान किया। अन्य कवि भी इसके अपवाद नहीं हैं। दूसरे चरण में प्रगतिशील कवि आते हैं, जिन्होंने समाज में व्याप्त विषमता, ग़रीबी

और शोषण को अपनी काव्य का विषय बनाया। निश्चित रूप से जहाँ ये कवि किसी विदेशी वाद की छाया से मुक्त हैं, उनकी कविता राष्ट्रीय काव्यधारा का अंग बनती है। रामेश्वर शुक्ल 'अचल', भगवतीचरण वर्मा, नरेन्द्र शर्मा, रामविलास शर्मा आदि इस धारा के प्राणवान कवि हैं। आगे चलकर प्रयोगवाद तथा नयी कविता के प्रारंभ में ही अज्ञेय, धर्मवीर भारती, भवानीप्रसाद मिश्र, भारतभूषण आदि में एक अन्तरंग संस्कृतिबोध का हमें दर्शन होता है तथा मुक्तिबोध से लेकर धूमिल तक की गैरबराबरी और शोषण के ख़िलाफ़ आवाज़ में भी राष्ट्रीय भावधारा का प्रवाह मिलता है।

वर्तमान युग में छायावाद, प्रगतिवाद, प्रयोगवाद और नयी कविता में राष्ट्रीय चेतना को यद्यपि नकारा नहीं जा सकता, तो भी यह कहा जा सकता है कि इन कवियों का मुख्य स्वर अन्तर्मुख और कलात्मक ही अधिक था। इनके साथ ही द्विवदी युग की बहिर्मुख राष्ट्र-चेतना का स्वर भी काव्य में स्फुट रचनाओं के साथ ही प्रबंध काव्यों के परिवेश में प्रवाहित होता चलता है। माखनलाल चतुर्वेदी, बालकृष्ण शर्मा 'नवीन', सुभद्राकुमारी चौहान, श्यामनारायण पाण्डेय, सोहनलाल द्विवेदी, रामधारी सिंह 'दिनकर' की रचनाएँ स्वतंत्रता पूर्व और स्वतंत्रता के पश्चात भी राष्ट्रीय अस्मिता की अनुगूंज से गुम्फित रही हैं और भारत पर चीन के आक्रमण के समय अनेक कवियों के साथ जो मुख्य राष्ट्रीय काव्य-स्वर प्रकट हुए, उनमें गोपाल सिंह नेपाली, बालकवि बैरागी तथा डॉ. ब्रजेन्द्र अवस्थी के स्वर प्रमुख हैं। कई काव्य- शैलियों के आगमन और समापन के इस नवयुग में भी राष्ट्रीय कविता का सतत और अखंड प्रवाह इस बात को प्रभावित करता है कि कविता के उत्प्रेरक अनेक तत्त्वों में राष्ट्र और उसकी संस्कृति भी एक मुख्य तत्त्व है, जो युगानुरूप रूपाकार ग्रहण करता हुआ तब तक प्रासंगिक बना रहता है, जब तक राष्ट्र और संस्कृति का स्वाभिमान उस देश के निवासियों के अन्त:करण में बना रहता है।

राष्ट्रीय कविता-धारा को भ्रमवश बहुत से लोग किसी प्रसंग-विशेष या प्रतिक्रिया-विशेष की रचना समझते हैं। यह समझ एक भारी भूल है। स्वतंत्रता-प्राप्ति के पूर्व राष्ट्रीय कविता में एक प्रतिरोध और प्रतिशोध अवश्य था, पर उसमें भी 'प्रियप्रवास', 'साकेत', 'यशोधरा', 'सिद्धराज', 'रामचरितचिंतामणी' जैसे अमर काव्य लिखे गये, जो राष्ट्रीय धारा के काव्य होते हुए भी चिरंतन साहित्यिक मूल्यवत्ता के काव्य हैं। स्वतंत्रता के पश्चात् भी 'कुरुक्षेत्र', 'रश्मिरथी', 'परशुराम की प्रतीक्षा', 'शिवाजी', 'जय हनुमान', 'परशुराम', 'झाँसी की रानी' से लेकर 'अंधा युग' और 'महाप्रस्थान' तक ऐसी रचनाओं की मालिका हमें मिलती है, जिन्हें शाश्वत संदेश

के वाहक काव्य-ग्रंथों की महिमा प्राप्त है।

प्रस्तुत संग्रह में इस दृष्टि से ही पाँच कवियों को प्रतिनिधि रूप में चुना गया है और उनकी रचनाओं से चयन करते समय इस बात का ध्यान रखा गया है कि प्रबंधाश्रित अंश, स्वतंत्रता के लिए असहनीय कष्टों की झाँकी, भारत माता का गौरव गायन, स्वातंत्र्योत्तर जन-मन का आह्वान और कवि-वाणी में उठे सामाजिक-आर्थिक प्रश्नों को इनके माध्यम से उजागर किया जा सके। यह सब मिलकर ही 'राष्ट्रीय काव्यधारा' की रूप- छवि बनती है। कोई भी प्रयास पूर्ण नहीं होता। अत: इस संग्रह के बारे में भी पूर्णता का ऐसा कोई दावा तो नहीं किया जा सकता, पर इतना अवश्य प्रयास किया गया है कि आज के विश्वविद्यालयीय छात्र में काव्य के माध्यम से निर्मित स्वातंत्र्यपूर्व और स्वातंत्र्योत्तर राष्ट्रीय परिदृश्य और उसकी अस्मिता का स्वाभिमान जाग्रत किया जा सके। यह वर्तमान युग की आवश्यकता तो हैं ही, यह प्रत्येक युग की आवश्यकता है।

द्विवेदीयुगीन राष्ट्रीय कविता

आधुनिक युग का सूत्रपात 1875 ई. के लगभग माना जाता है। केवल हिंदी साहित्य में ही नहीं, प्रत्युत संपूर्ण भारतीय चेतना में नवयुग का सूत्रपात उसी कालखंड से प्रारम्भ होता है। 1857 ई. के प्रथम स्वातंत्र्य समर के पश्चात् कंपनी सरकार को ध्वस्त करके देश को इंग्लैंड के सम्राट ने अपने शासन में जकड़ दिया। फलत: सामाजिक, धार्मिक, राजनीतिक सभी क्षेत्रों में पुनर्जागरण का सुमधुर प्रभात होने लगा। 1875 में आर्यसमाज की तथा 1885 में इण्डियन नेशनल कांग्रेस की स्थापना हुई। देशवासियों के अन्तर में राजसत्ता में सहभागी बनने की प्रेरणा जागी, अंग्रेज़-राज्य की पीड़ा सताने लगी, स्वराज्य एवं स्वातंत्र्य की भावनाएँ बलवती होने लगीं। ह्यूम की कांग्रेस, दादा भाई नौरोजी, बाल गंगाधर तिलक, गोपालकृष्ण गोखले, महात्मा गांधी आदि के वैचारिक साँचों में ढलती हुई अंग्रेज़ों को भारत छोड़ने को विवश करने लगी।

इन परिस्थितियों का प्रभाव साहित्य पर पड़ना अवश्यम्भावी था। हिन्दी साहित्य के इस काल में भारतेंदु हरिश्चन्द्र के नेतृत्व में देश की बदलती हुई परिस्थितियों की अँगड़ाई दिखायी देने लगी। नाटकों की कथावस्तु एवं उसमें आये हुए गीतों में अपनी संस्कृति, अपने धर्म के आग्रह एंव अनुराग के साथ ही देश एवं राष्ट्र की समस्याएँ भी कवि-लेखनी में उभरने लगीं। भारतेंदु के अतिरिक्त उनके अन्य सहयोगी कवियों एवं नाटककारों ने भी इस कार्य को आगे बढ़ाया। बालकृष्ण भट्ट, प्रतापनारायण मिश्र, चौधरी बदरीनाराण 'प्रेमघन', राधाकृष्णदास आदि ने इस दिशा में महत्त्वपूर्ण

भूमिका निभायी। इस काल के कवियों ने अंग्रेज़ी शासन की आलोचना दबी जुबान से की। वे एक ओर प्रशासन की प्रशंसा करते थे और दूसरी ओर उसकी त्रुटियों का निदर्शन भी करते थे। नाटकों की कथावस्तु के संबंध में विषय अवश्य ऐसे चुने जाते थे, जो अपने प्राचीन इतिहास के गौरव, शौर्य और स्वातंत्र्य-भाव को उद्‌बुद्ध करने वाले हों।

1900 ई. के आसपास इस धारा ने मोड़ लिया। पं. महावीरप्रसाद द्विवेदी के संपादकत्व में निकलने वाली 'सरस्वती' मासिक पत्रिका ने कवियों का मार्गदर्शन करना आरंभ किया। एक ओर आचार्य द्विवेदी ने खड़ी बोली का परिष्कार करके उसे हिंदी गद्य और पद्य के लिए एक सशक्त भाषा का रूप दिया और दूसरी ओर कवियों को समाज, देश और धर्म के लिए ही कलम चलाने का आह्वान किया। फलतः राष्ट्रीय भावना से ओत-प्रोत विविध विषयों पर कवि-लेखनी चल पड़ी। किसी ने प्राचीन सांस्कृतिक महापुरुषों के जीवन का आख्यान लेकर उसे नवयुग के लिए प्रेरणादायी रूप में प्रस्तुत किया तो किसी ने एकदम आधुनिक भारत की दशा का अंकन करके सुधार एवं साधना का उद्‌बोधन किया। इस युग के कवियों में काव्य और भाषागत प्रयोगों की दृष्टि से अयोध्यासिंह उपाध्याय 'हरिऔध' का नाम अग्रगण्य है, पर देश और समाज की सच्ची दृष्टि को उजागर करने वालों में मैथिलीशरण गुप्त का नाम सर्वोपरि है। इस युग के अन्य राष्ट्रीय कवियों में रामचरित उपाध्याय, नाथूराम शर्मा 'शंकर', गयाप्रसाद शुक्ल 'सनेही', गोपालशरण सिंह, रामनरेश त्रिपाठी, माखनलाल चतुर्वेदी आदि प्रमुख हैं।

द्विवेदी युग का काव्य केवल 'कविता के लिए' के सिद्धान्त का पोषक नहीं था, प्रत्युत इस युग में 'कविता जीवन के लिए' लिखी गयी। इस युग की मुख्य प्रवृत्ति के संबंध में 'द्विवेदी युग का हिन्दी काव्य' विषय के शोधकर्ता डा. रामसकल राय शर्मा ने लिखा है, 'इस युग की कविता में राजनीतिक चेतना का गहरा प्रभाव है और कविता स्वतंत्रता आन्दोलन से पूर्णतया सम्बद्ध है। मातृभूमि-प्रेम और स्वदेशी-गौरव तो इस युग की कविता के प्राण हैं। यथार्थ अनुभूति की व्यापक व्यंजना इस युग के काव्य की विशेषता है। वैचारिक क्रान्ति एवं युग की माँग ने प्राचीन थोथी मान्यताओं को हिला दिया। नयी आस्था, नये विश्वास और सर्वहित-कल्याण की भावना ने नये मूल्यों की स्थापना की। हिंदी कविता का आन्तरिक-बाह्य सौन्दर्य नयी भाषा से चमक उठा।'

द्विवेदी युग के कवियों ने भावात्मक रूप से मातृभूमि का अनन्त रूपों में वर्णन किया। उसके प्राकृतिक सौन्दर्य, उसकी सांस्कृतिक गरिमा, उसकी भौतिक साधन-

सम्पन्नता आदि को शतकंठों से गायन करके कवियों ने लोक को मातृभूमि की ओर आकृष्ट करके उसकी 'स्व-चेतना को उबुद्ध करने का प्रयास किया। गुप्त जी ने कभी कहा :

करते अभिषेक पयोद हैं, बलिहारी इस वेश की,
ऐ मातृभूमि! तू सत्य ही सगुण मूर्ति सर्वेश की।

कभी इसके गुणों का बखान करते हुए कहा :

क्षमामयी, तू दयामयी, तू क्षेममयी है,
सुधामयी, वात्सल्यमयी, तू प्रेममयी है।

मातृभूमि का विशाल आँचल गाँवों में फैला है। उन गाँवों की ओर से पढ़ा-लिखा वर्ग उदासीन होकर नगरीय वातावरण की ओर खिंच रहा था। गाँव उपेक्षित हो रहे थे। अतः कवि को लिखना पडा :

अहा, ग्राम्य जीवन भी क्या है,
थोडे में निर्वाह यहाँ है,
ऐसी सुविधा और कहाँ है?
क्यों न इसे सबका मन चाहे।

'हरिऔध' जैसे कवि भी, जिन्होंने मुख्यतः रसात्मक सर्जना के क्षेत्र में यश पाया, भारत भूमि के स्तवन में लिखने से नहीं चूके। उन्होंने लिखा :

रमा समा है रमणीयता मिली,
उमा समा है वन सिंहवाहना।
गिरा समा है प्रतिभा विभूषिता,
विचित्र है भारत की वसुन्धरा।।

इस भारत भूमि की दशा पराधीनता के उत्पीड़न और पारस्परिक संघर्ष के कारण बड़ी दयनीय हो गयी थी। हमारे संस्कारों में आत्माभिमान के स्थान पर परानुकरण समा गया था। हम अपनी भाषा, अपने धर्म, अपनी वेश-भूषा आदि को छोड़कर विदेशियत की ओर बह रहे थे। इसे भी कवियों ने कोसा। भारत की दीन दशा पर इस युग के कवि पं. शिवकुमार त्रिपाठी ने कहा :

यह दीन देश भारत, नित हो रहा है गारत,
भूखों तड़प रहा है, करके कराल क्रंदन।

इस दशा का कारण यह है कि इस देश के मूल निवासी हिंदुओं ने अपने महान आदर्शों का विस्मरण कर दिया। उनके आदर्श कैसे थे :

हम हिन्दुओं के सामने आदर्श जैसे प्राप्त थे,

संसार में किस जाति को, किस ठौर वैसे प्राप्त थे।

- मैथिलीशरण गुप्त

पर हिन्दुओं की दशा क्या हो गयी थी, इसे 'हरिऔध' की भाषा में देखें :

हरिऔध कोई कस कमर सताना क्यों न,
कायरता होड़कर नाता जोड़ बैठी है।
घूँट चलती है, आँखें दोनों ही गयी हैं
हिन्दुओं में फूट आज पाँव तोड़ बैठी।

भारतवासी विदेशी वेशभूषा में अनुरक्त हो गये थे, वही सभ्यता की निशानी समझी जाती थी। नेकटाई का क्या असर था कि अनेक भारतीय विद्वानों और भारतीयता के पंडितों के गले का भी कंठहार वह हो गयी थी। पं, कामताप्रसाद गुप्त ने इस पर व्यंग्य किया :

काल- काल से है खुले, तेरे भाग्य विचित्र।
भारत में तू हो गयी, कंठी तुल्य पवित्र।।
धज्जी, चिन्दी, चीथड़ा, लत्ता है तू आप।
पर अनिष्ट सर्वत्र तब, राज्य रहा है व्याप्त।।

इन्हीं सारी स्थितियों में स्वाधीनता की लहर व्याप्त हुई। भारत-प्रेम, विदेशी का बहिष्कार, स्वदेशी-प्रेम आदि हमारे स्वातंत्र्य आन्दोलन के मुख्य विषय बने। इस युग के कवियों ने इन विषयों को अपनी भावधारा में चमका दिया | गोखले, तिलक और गांधी के संदेश लोक में गूंजने लगे थे। राय देवीप्रसाद 'पूर्ण' ने भारतीयों को जगाते हुए कहा :

वाजिब है हे मित्र! तुम्हें भी दूरंदेशी।
सुन लो चारों ओर अन्दर है शोर स्वदेशी।।

इस आन्दोलन के अंग रूप में राष्ट्रभाषा हिन्दी और उसकी नागरी लिपि की ओर भी विशेष आग्रह प्रारम्भ हुआ। समाज और राजनीति के मंच पर यह स्वर जब गूंजने लगा, तब साहित्य का इससे इतना घनिष्ठ सम्बन्ध होने के कारण यहाँ इसका प्रभाव स्वाभाविक ही था। गुप्त जी की व्यथा देखिए:

अहो मातृभाषे! दशा देख तेरी,
न होती निराशा कभी दूर मेरी,
बड़ा कष्ट है, तू अभी दीन ही है।
सभी भाँति से हो रही हीन ही है।

इन प्रभावों के कारण अपने उन प्राचीन पुरुषों की अमर गाथाएँ काव्य में

अवतरित हुईं, जो अपने युग की ऐसी ही परिस्थितियों में समाज को अगुवाई दे सके थे। श्री रामचन्द्र के जीवनाख्यान को इसी रूप में कवियों ने ग्रहण किया, पर वे राम किस रूप में आये थे, इसे साहित्यकार की भाषा में सुनिए :

संदेश यहाँ मैं नहीं स्वर्ग का लाया,
इस भूतल को ही स्वर्ग बनाने आया।

श्रीकृष्ण से लेकर राणा प्रताप, शिवाजी और गांधी तक पर काव्य रचनाएँ हुईं। इन आदर्शों से देश को प्रेरणा मिली। 'गुरू' ने शिवाजी के सम्बन्ध में लिखा :

जीती जाती हुई जिन्होंने भारत बाजी,
निज बल से भल भेंट विधर्मी मुगल कुराजी।
जिनके आगे ठहर सके जंगी न जहाजी,
हैं जग जाहिर वहीं छत्रपति भूप शिवाजी।।

दूसरी ओर देश की विद्यमान दशा पर स्फुट कविताएँ लिखी गयीं या काल्पनिक कथानकों के आधार पर राष्ट्रीय काव्य-ग्रंथों का निर्माण हुआ। 'भारत-भारती' (मैथिलीशरण गुप्त) और 'शुक-संवाद' (रामचरित उपाध्याय) उपर्युक्त दोनों प्रकार की रचनाओं के उदाहरण हैं।

कुल मिलाकर यह कहा जा सकता है कि द्विवेदी युग में राष्ट्रीयता की पहचान के मुख्यत: तीन बिन्दु थे हिन्दी, हिन्दू और हिन्दुस्तान। इस समय भारतीय राजनीति के क्षितिज पर गांधी जी का अवतरण हो चुका था और हिन्दू-मुसलमान की मिली-जुली संस्कृति का ताना-बाना बुना जाने लगा था। स्वाभाविक रूप से उसका प्रभाव इस काल के प्रमुख कवियों पर पड़ा। सभी राष्ट्रीय कवियों ने हिन्दू-मुसलमान और ईसाई की एकता और मानववाद पर बल दिया। अपनेपन की श्रेष्ठता में किसी की हीनता या निन्दा का स्वर नहीं था। इस राष्ट्रीय धारा ने उर्दू तथा अन्य भाषाओं के कवियों में वैसा ही उभार लाया जैसा हिन्दी में।

अनुक्रम

मैथिलीशरण गुप्त

मेरी यह जन्मभूमि जननी जगत में
मेरे प्राण रहते रहेगी महारानी ही,
किंकरी न होगी किसी और नरपाल की।
पंचतत्त्व मेरी पुण्यभूमि के हैं मुझमें;
कहला रहे हैं वही मुझसे पुकार के
हम परतंत्र नहीं, सर्वथा स्वतंत्र हैं।

–सिद्धराज (द्वि. सर्ग)

राष्ट्रकवि मैथिलीशरण गुप्त का जन्म 3 अगस्त, 1886 ई. में चिरगाँव (झाँसी) में हुआ। इनके पिता श्री रामचरण एवं माता काशी देवी थीं। उनका पारिवारिक वातावरण वैष्णव संस्कारों से युक्त था। मैथिलीशरण पर भी ये संस्कार बचपन से ही पड़ गये। उनकी प्रारंभिक शिक्षा घर पर ही हुई। स्कूल में वे पढ़ने गये, पर नियमित शिक्षा वे नहीं पा सके, पर स्वाध्याय द्वारा उन्होंने प्रमुख संस्कृत ग्रंथों का अध्ययन किया। बाल्यकाल से ही वे कविता करने लगे थे। 20 वर्ष की आयु से ही उनकी कविताएँ पत्र पत्रिकाओं में छपने लगी थीं।

उनका प्रथम विवाह 1985 ई. में हुआ, पर आठ वर्ष पश्चात् उनके नवजात पुत्र और पत्नी का निधन हो गया। 1904 में उनका दूसरा विवाह हुआ पर दस वर्ष बाद दूसरी पत्नी का भी निधन हो गया। 1917 ई. में सरजू देवी से उनका तीसरा विवाह हुआ, जिनसे सात संतानें हुईं पर सभी काल-कवलित हो गयीं। आठवीं संतान 1936 में हुई जिनका नाम उर्मिलाचरण रखा गया। इनसे कवि की वंश परंपरा आगे बढ़ी ।

काव्य-रचना के साथ ही गुप्त जी ने राष्ट्रीय आन्दोलन में खुलकर भाग लिया। महात्मा गांधी के आह्वान पर 1940-41 ई. में व्यक्तिगत सत्याग्रह करके जेल गये। वे झाँसी तथा आगरा की जेल में राजबंदी के रूप में रखे गये। अपनी रचनाओं के माध्यम से भी वे स्वतंत्रता और राष्ट्रीयता का ही बिगुल बजाते रहे। 1912 ई. में उनकी ऐतिहासिक रचना 'भारत-भारती' का प्रकाशन हुआ जिसे अंग्रेज़ सरकार ने राजद्रोह का शंखनाद माना और प्रकाशित होते ही वह प्रतिबंधित हो गयी और उसकी प्रतियाँ ज़ब्त कर ली गयीं। इस घटना ने इस महाकवि की ओर गांधी जी आदि का ध्यान सहज ही आकृष्ट किया और कालान्तर में गांधी जी ने उन्हें राष्ट्रकवि कहा। 1915 ई. में गांधी जी अफ्रीका से भारत आये और तब से ही आज़ादी की जंग में तेजी आयी और 1913 ई. में कविवर रवीन्द्रनाथ को 'गीतांजलि' पर नोबुल पुरस्कार मिला। उससे पूर्व 'भारत-भारती' का प्रकाशन स्वतंत्रता के इतिहास की एक महत्त्वपूर्ण घटना है।

स्वतंत्रता प्राप्ति के पश्चात् राष्ट्रकवि को राज्यसभा का सदस्य नामित किया गया, जिसे बड़ी मिन्नत पर उन्होंने स्वीकार किया। 12वर्ष तक वे राज्यसभा सदस्य रहे। हिन्दू विश्वविद्यालय काशी ने उनकी महत् साहित्यिक सेवाओं के लिए डी. लिट्. की उपाधि दी तथा भारत सरकार ने 'पद्मभूषण' का गौरवपूर्ण अलंकरण प्रदान किया। 78 वर्ष की अवस्था में 12 दिसम्बर, 64 में वे अपनी जन्मभूमि चिरगाँव में ही चिर निद्रा में विलीन हो गये।

गुप्त जी की कृतियाँ

गुप्त जी ने अपने लम्बे जीवन में बहुत सारी रचनाएँ हिन्दी-साहित्य को दीं। उनकी रचनाओं के नाम व रचना-काल निम्नलिखित हैं।

हेमन्त (प्रथम कविता-'सरस्वती' में प्रकाशित) (1906), रंग में भंग (1909), जयद्रथ-बध (1910), भारत-भारती, (1912), तिलोत्तमा (1915), चन्द्रहास (1916), किसान (1916), वैतालिक (1916), पत्रावली (1916), शकुन्तला (1914-23), लीला (1919 में 'सरस्वती' में प्रकाशित), पंचवटी (1925), आर्य (1925), स्वदेश संगीत (1925), हिन्दू (1927), त्रिपथगा (बकसंहार, वनवैभव, सैरन्ध्री का संकलन) (1927), शक्ति (1927), विकट भट (1928), गुरुकुल (1928), झंकार (1929), साकेत (1931), यशोधरा (1932), उच्छ्वास (1935), सिद्धराज (1936), द्वापर (1936), मंगल घट (1937), नहुष (1940), कुणालगीत (1942), अर्जन-विसर्जन (1942), विश्ववेदना (1942), काबा और कर्बला (1942), अजित (1946), प्रदक्षिणा (1950), पृथ्वीपुत्र (1950), हिडिंबा (1950), अंजलि और अर्ध्य (1950), जय भारत (1952), भूमिभाग (1953), राजा-प्रजा (1956), विष्णुप्रिया (1957), रत्नावली (1960), स्वस्ति और संकेत (प्रकाशन 1983)।

पद्य अनुवाद

विरहिणी व्रजांगना (1914, मूल लेखक माइकेल मधुसूदन दत्त), प्रतिभा (1914, मूल लेखक भास), अविमारक (1914, मूल लेखक भास), अभिषेक (1914, मूल लेखक भास), दूत घटोत्कच (1914, मूल लेखक भास), स्वप्नवासवदत्ता (1914, मूल लेखक भास), प्लासी का युद्ध (1920, मूल लेखक नवीनचन्द्र सेन), मेघनाद वध (1927, मूल लेखक माइकेल मधुसूदन दत्त), वीरांगना (1927. मूल लेखक माइकेल मधुसूदन दत्त), रुबाइयात उमर खय्याम (1929 मूल लेख उमर खय्याम), वृत्तसंहार (1962, मूल लेखक हेमचन्द्र वद्योपाध्याय)।

गद्य

मुंशी अजमेरी (1973 में प्रकाशित), श्रद्धांजलि -संस्मरण (1979 में प्रकाशित)।

गुप्त जी की राष्ट्रभावना

किसी भी राष्ट्र की स्वतंत्रता की लड़ाई में साहित्यकारों की लेखनी पीछे नहीं रही है। स्वतंत्रता आन्दोलन का समग्र स्वर-गुंफन राष्ट्रकवि मैथिलीशरण गुप्त के साहित्य में हुआ। वे सर्वप्रथम तिलक जी के राष्ट्रीय पुनरुस्थान और कर्मयोग से प्रभावित हुए। उनकी रचना 'जयद्रथ-बध' इसी की फलश्रुति है। जयद्रथ महाभारत का एक क्रूर पात्र है, जिसने धोखे से अभिमन्यु की हत्या की, पर वह अत्याचारी शासन तंत्र का प्रतीक भी है। श्रीकृष्ण इस रचना में अर्जुन को ललकार रहे हैं :

दु:ख- शोक जब जो आ पड़े
सो धैर्यपूर्वक सब सहो।
होगी सफलता क्यों नहीं?
कर्तव्य पथ पर दृढ़ रहो।
अधिकार खोकर बैठ रहना,
यह महा दुष्कर्म है।
न्यायार्थ अपने बन्धु को भी
दण्ड देना धर्म है।

इन पंक्तियों में अपने कर्तव्य कर्म के साथ ही 'स्वतंत्रता हमारा जन्मसिद्ध अधिकार है' की प्रतिध्वनि है।

मैथिलीशरण गुप्त बाल्यकाल से ही भारत और भारती के भक्त थे। राष्ट्रीय स्वतंत्रता का स्पन्दन उनकी धमनियों में था। अपने संस्कारों में वे उदार वैष्णव तथा भारतीयता और भारतीय संस्कृति के पोषक थे। राष्ट्रीय स्वतंत्रता आन्दोलन की पृष्ठभूमि में ही उन्होंने अपनी सुप्रसिद्ध रचना 'भारत-भारती' लिखी थी। उनके भारत के गौरवपूर्ण अतीत का स्मरण करते ही इतिहास की गौरवगाथा से देश को प्रेरणा मिलती है और भविष्य का निर्माण होता है। 'भारत-भारती' भारत के भूत, वर्तमान और भविष्य पर दृष्टि-निक्षेप करती हुई स्वतंत्रता का बीजमंत्र लेकर प्रकट हुई। उसमें स्वतंत्र एवं समृद्ध भारत के अतीत की ओर इंगित करके कवि ने देशवासियों का आह्वान किया है :

किस भाँति मरना चाहिए, किस भाँति जीना चाहिए।
सो सब हमें निज पूर्वजों से याद करना चाहिए।
पदचिह्न उनके यत्नपूर्वक खोज लेना चाहिए।
निज पूर्व गौरव दीप को बुझने न देना चाहिए।

भारत एक विदेशी जाति के शासन-चक्र में पिस रहा था। वे जानते थे कि 'पराधीन सपनेहुँ सुख नाहीं'। अत: वे कहते हैं :

शासन किसी पर जाति का चाहे विवेक विशिष्ट हो।
संभव नहीं है किन्तु जो सर्वांश में वह इष्ट हो।।

इस पराधीनता के पाश को काटने का संग्राम छिड़ चुका था। बाल-लाल पाल, मदनमोहन मालवीय, गोपालकृष्ण गोखले आदि नेता इस लड़ाई में अग्रणी थे। जलियाँवाला कांड और बंग-भंग आदि का तीव्र विरोध हो रहा था। अत: राष्ट्रकवि मैथिलीशरण भी उनके साथ अपनी आवाज़ मिला कर कहते हैं :

हे देश-नेताओ, तुम्हीं पर सब हमारा भार है।
जीते तुम्हारे जीत है, हारे तुम्हारे हार है।।

भारतीय संस्कृति के अमर गायक होते हुए भी गुप्त जी राष्ट्रीय स्वतंत्रता आन्दोलन में सभी सम्प्रदायों की एकता के सूत्रधार थे। दो सम्प्रदायों में भेद भले हो पर उनकी एकता बाधित नहीं हो सकती :

क्या साम्प्रदायिक भेद से ऐक्य मिट सकता अहो।
बनती नहीं क्या एक माला विविध सुमनों से कहो।

वे अपनी रचना 'हिन्दू' द्वारा जब हिन्दुओं के उत्कर्ष की अभिलाषा करते हैं तो 'काबा और कर्बला' द्वारा मुसलमानों के साथ समरस होते हैं। राष्ट्रपिता महात्मा गांधी के हिन्दू-मुस्लिम ऐक्य के वे पूर्ण पक्षधर थे। इस प्रकार उन्होंने 'भारत-भारती' के द्वारा आज़ादी का बिगुल बजाया और भारत के कोने-कोने में उसकी आवाज़ गूँज गयी। अंग्रेज़ी राज-सत्ता के भी कान खड़े हो गये और प्रकाशित होते ही उसने इस राष्ट्रीय काव्यकृति पर प्रतिबंध लगा दिया और इसकी छपी प्रतियों को ज़ब्त कर लिया।

अफ्रीका में प्रवासी भारतीयों की लड़ाई लड़कर विश्व में चर्चित हो चुके बैरिस्टर मोहनदास करमचंद गांधी 1915-16 में भारत आये और उनका सम्पर्क कांग्रेस से हुआ। तिलक उस समय कांग्रेस के नेता थे। 1920 में तिलक की मृत्यु के पश्चात् कांग्रेस का नेतृत्व गांधी जी के हाथों में आया, जिन्होंने आज़ादी की लड़ाई को एक नया आयाम दिया। अब स्वतंत्रता एक संघर्ष न रहकर पूर्ण जीवन-दर्शन का प्रतीक बन गयी, जिसमें पराये तंत्र से मुक्ति के लिए सत्य और अहिंसा का संबल लिया गया। स्वदेशी और स्वावलंबन का सहारा लिया गया। स्वराज्य, सुराज्य, स्वभाषा, स्ववेश-भूषा और सर्वधर्म-सम- मानव भाव की प्रतिष्ठा की गयी। इस पूरे गांधी दर्शन के साथ मैथिलीशरण गुप्त अपने रचना-संसार में उतरे थे। गांधी जी के

आह्वान पर श्री गुप्त ने व्यक्तिगत सत्याग्रह में जेल-यात्रा भी की। खादी का वरण किया और अपनी रचनाओं को गांधी मार्ग के स्वतंत्रता संघर्ष का प्रतिबिम्ब बना दिया। उनकी सबसे प्रसिद्ध रचना 'साकेत' 1932 ई. में प्रकाशित हुई। इसमें पुराण के पात्र राम की कथा है। 'राम तुम ईश्वर नहीं हो क्या' के प्रश्न से प्रारंभ करके ' कवि राम को एक प्रतीक बना देता है, जो स्वराज्य और स्वातंत्र्य का युग-बोध बनता है। राम की वनयात्रा क्या है, मानो युगपुरुष गांधी की दण्डी यात्रा है और सीता का छाया की भाँति राम के साथ होने तथा आत्मनिर्भरता एवं स्वावलंबन की उनकी अभिव्यक्तियों में कस्तूरबा गांधी का दर्शन हमें होने लगता है, जिन्होंने गांधी जी के साथ छाया की भाँति रहकर गांधी मार्ग को ही अपना जीवन-पथ बना लिया था। समुद्रपार लंका और समुद्रपार इंग्लैंड में समानता है। वह भी स्वर्णमयी पुरी थी और यह भी है। उसने भारत की सीता का अपहरण किया था और इसने भारत की श्री मर्यादा, स्वतंत्रता का अपहरण किया था। उस समय साकेत सजा था और रावण की लंका खाक हुई थी तो अब पुनः साकेत को सजना है, ताकि अब किसी और रावण की लंका शेष न बचे

भारत लक्ष्मी पड़ी राक्षसों के बंधन में।
सिन्धु पार वह बिलख रही है व्याकुल मन में।।
सजे अभी साकेत, बजे हाँ, जय का डंका।
रह न जाय अब कभी किसी रावण की लंका।।

इस संकेत को महाकवि अपनी महान रचना के उपसंहार में बड़े ही साफ शब्दों में कह देता है :

अलक्ष की बात अलक्ष जाने,
समक्ष को ही हम क्यों न मानें।
रहे वही प्लावित प्रीति-धारा।
आदर्श ही ईश्वर है हमारा।।

अलक्ष तो पुराण-पुरुष या परब्रह्म राम हैं, पर कोटि-कोटि भारतवासियों के समक्ष युग का राम गांधी के रूप में था और उसके सामने राम राज्य का आदर्श था। इसी ताने-बाने से 'साकेत' महाकाव्य बुना गया था। जिसमें नारी की महत्ता, छुआछूत से मुक्ति, स्वदेशी स्वावलंबन और संगठित सामर्थ्य द्वारा आततायी के गढ़ पर विजय का डंका बजा था।

पौराणिक आख्यान को माध्यम बनाकर राष्ट्रीय स्वातंत्र्य के महायज्ञ में मंत्रोच्चार का प्रयोग गुप्त जी ने 'साकेत' से पूर्व ही 'जयद्रथ वध' और 'बक -संहार' आदि

रचनाओं में कर दिया था। 'बक-संहार' 1928 ई. की रचना है जिसमें बक नामक राक्षस के आतंक से एक नगरी त्रस्त थी। अज्ञातवास के काल में कुन्ती अपने पाँचों पाण्डवों के साथ वहाँ पहुँचती है। राक्षस के उत्पीड़न पर उसका रिमार्क है :

हाँ! यह देश असहाय है।
मरता न करता हाय है
मुझसे कहो, राजा यहाँ का कौन है?
मरती प्रजा है और रहता मौन है।
कर दे रहे जो तुम उसे, किस बात का?
राजा प्रजा के अर्थ है
यदि वह अपढ़ असमर्थ है
कारण वही तो है स्वयं उत्पात का।
राजा प्रजा का पात्र है
वह लोक प्रतिनिधि मात्र
यदि वह प्रजापालक नहीं तो त्याज्य है।

यहाँ कुन्ती भारतमाता बन कर आयी है। वह ब्राह्मण-पुत्र के बदले राक्षस के यहाँ जाने के लिए भीम को निर्देश देती है। भीम की ही गदा से बकसंहार होना है, जिस प्रसंग को यह रचना छोड़ देती है। बक अंग्रेज़ों के लिए द्विवेदी युग का एक प्रसिद्ध प्रतीक बन गया था।

पुराणों के साथ ही अपने गौरवशाली इतिहास की कथाओं को भी स्वातंत्र्य-प्रेरणा के अभिप्राय से कवि ने सजाया है। सिद्धराज उनकी इसी प्रकार की एक वीरोन्मादिनी रचना है, जिसके पाँच सर्गों में पाँच राज्यों के स्वातंत्र्यकामी चरित्र और पौरुष की यशोगाथा सिद्धराज जयसिंह के संबंध-संदर्भ से कही गयी है। मालव राज्य पर जब जयसिंह की विजयवाहिनी टूटती है तो इतिहासप्रसिद्ध वीर जगदेव समरांगण में लोहा लेता है। प्रत्यक्ष पराजित होकर भी पराधीनता नहीं स्वीकारता और कहता है :

अब भी स्वतंत्र है अवन्ती निज शक्ति से
मेरी यह जन्मभूमि जननी जगत में,
मेरे प्राण रहते रहेगी महारानी ही,
किंकरी न होगी किसी और महीपाल की।

आज़ादी का गांधी-दर्शन केवल राजनीतिक आज़ादी तक ही सीमित नही था। उसमें सामाजिक, आर्थिक और नैतिक आदर्श भी अनुस्यूत थे। अछूतोद्धार, हिन्दू-

मुस्लिम एकता, सर्वोदय, स्वदेशी, खादी और राष्ट्रभाषा, सभी स्वतंत्रता आन्दोलन के पहलू थे। कविवर मैथिलीशरण गुप्त के काव्य में ये समस्त पहलू गहराई से अभिव्यक्त हुए हैं। गाँव का उत्थान स्वतंत्रता का आधार-बिन्दु था। 'साकेत' की उर्मिला अपने विरह में लोक के प्रति उदासीन नहीं है। वह शत्रुघ्न से गाँवों का हालचाल पूछती है :

पूछी थी सुकाल- दशा मैंने आज देवर से,
कैसी हुई उपज कपास, ईख, धान की।
पूछा यही मैंने एक ग्राम में तो कर्षकों ने,
अन्न, गुड़, गोरस की वृद्धि की बखान की।

स्वतंत्रता प्राप्ति के पश्चात् भी लम्बे समय तक गुप्त जी अपनी रचनाधर्मिता में जीते रहे। अपनी स्वातंत्र्योत्तर कृति 'अजित' में एक डाकू के हृदय परिवर्तन का चित्र प्रस्तुत करते हुए वे गाँव के विकास में उसे जोड़ते हैं। वह कहता है :

कृषि, गोरस, फल, शाक और मधु उपजाऊँगा।
धातु, दारु, पाषाण, विविध विधि घर लाऊँगा।
रेहटा लेकर महामंत्र से मैं उबरूँगा।
चर्मकार बन देश-देव के चरण धरूँगा।

ग्रामोद्योग और अम्बर चर्खे की सफलता का वे अलख जगाते हैं :

गृहोद्योग के मंत्र हमारे क्यों न फलेंगे।
अम्बर जैसे प्रगति चक्र सब ओर चलेंगे।

राष्ट्रकवि मैथिलीशरण गुप्त भारतीयता और भारतीय संस्कृति के अमर गायक और भारतीय स्वतंत्रता संग्राम के कवि सेनानी थे, पर उनका आदर्श विश्वबंधुत्व और मानवता का उत्थान था। वे किसी भी प्रकार के शोषण के विरुद्ध हैं। लंका विजय के लिए उर्मिला शत्रुघ्न को जाने को कहती है, पर सावधान भी करती है कि वहाँ की धन-सम्पत्ति मत छूना :

सावधान! वह अधम धान्य- सा धन मत छूना।
तुम्हें तुम्हारी मातृभूमि ही देगी दूना।।
किस धन से हैं रिक्त कहो सुनिकेत हमारे।
उपवन फलसम्पन्न अन्नमय खेत हमारे।।

इस प्रकार बाबू मैथिलीशरण गुप्त का साहित्य, राष्ट्रीय स्वतंत्रता आन्दोलन का उपजीव्य बनकर आया था। अपनी जननी जन्मभूमि का कण-कण उनके हृदय में आह्लाद उत्पन्न करता था। मातृभूमि उनके लिए निर्जीव भूखंड नहीं, अपितु सर्वेश की मूर्ति थी :

नीलांबर परिधान हरित पट पर सुन्दर है,
चन्द्र सूर्य युग मुकुट, मेखला रत्नाकर है,
करते अभिषेक पयोद हैं, बलिहारी इस वेष की।
ऐ मातृभूमि, तू सत्य ही सगुण मूर्ति सर्वेश की।।

शिल्प-सौन्दर्य

काव्य-सौष्ठव के दोनों पक्षों में गुप्त जी का काव्य सक्षम और समृद्ध है। जितना सशक्त कवि का भाव पक्ष है, उतनी ही दक्षता से उन्होंने कलात्मक सौन्दर्य का भी नियोजन अपनी रचनाओं में किया है।

गुप्त जी ने अपनी रचनाओं में अधिकांशतः सीधी-सादी और प्रसाद गुणयुक्त भाषा का प्रयोग किया है। गुप्त जी की प्रारम्भिक रचना 'रंग में भंग' से लेकर अन्तिम कृति 'विष्णु-प्रिया' तक उनकी भाषा में एक निरन्तर उत्कर्षोन्मुखी प्रवृत्ति दिखायी पड़ती है।

गुप्त जी की काव्यात्मक प्रवृत्तियाँ उनके समस्त काव्य में एकरूपता लिये हुए हैं। अतः उनकी शैली के विवेचन के लिए समूचे गुप्त-साहित्य को दृष्टिगत रखना होगा।

गुप्त जी की दृष्टि आरम्भ से ही अनावश्यक चमत्कार प्रदर्शन से विरत रही। उन्होंने सहज भावाभिव्यक्ति को ही महत्त्व दिया। इसीलिए उनकी रचनाओं में अधिकांशतः अभिधात्मक शैली के दर्शन होते हैं। मुहावरों और लोकाक्तियों के प्रयोग से गुप्त जी की शैली और भी सशक्त हो गयी है। सूक्तियों के प्रयोगाधिक्य से उनकी शैली में निखार आ गया है। बिम्ब-विधान, चित्रात्मकता, संवाद और सम्प्रेषणीयता गुप्त जी की शैली के विशिष्ट गुण हैं।

गुप्त जी ने द्विवेदीयुगीन इतिवृत्तात्मक एवं बाह्यार्थनिरूपक शैली के स्थान पर भावाभिव्यंजक शैली को प्रश्रय दिया, जो उनके काव्य में उत्तरोत्तर प्रौढ़ता को प्राप्त होती गयी है।

सिद्धराज

[पंचम सर्ग]

एक पुत्र छोड़ सब पाया सिद्धराज ने।
दुस्सह प्रताप तेज उस प्रभविष्णु का,
लोग बचते-से चलते थे सावधान हो;
किन्तु मृदु हो रहा था मन अब उसका;
आप वही आ रहा था सबके समीप-सा।
अपने उपास्य के ललाट पर, ध्यान में,
नित्य देखता था वह, तीसरे नयन में,
ओढ़ के पलक-पट शान्त कालानल है;
झलक रहा है कान्त शीतल सुधांशु ही।

होकर भी आप वह भक्त शिव-शक्ति का,
भावुक था दूसरों की धर्म-भावना का भी।
शस्त्रों के सदृश ही सुमार्मिक था शास्त्रों का;
तार्किकों के तर्कवाद सुनता था रुचि से,
और मल्ल-क्रीड़ा के समान मोद पाता था।
फूली-फली ललित कलाएँ उस भूप से;
फैलकर बैठा शिल्प मन्दिरों में उसके।
देकर विपुल द्रव्य उस बहु दानी ने
जीर्णोद्धार जैन मन्दिरों का भी कराया था;
और, हेमचन्द्र जैसे सूरि उस शूर से
मानते कृतार्थ अपने को भूरि-भूरि थे।
जानते थे सफल कृती वे निज कृति को;

'हेम' के प्रथम 'सिद्ध' नाम जोड़ उसका।
जैन फिर भी थे आर्य, इतर विजाति भी,
नाते से प्रजा के न्याय पाते उस राजा से।
एक बार दूर कहीं मृगया-विहार में,
पूछा उसने यों किसी ग्रामवासी जन से-
" तुझको अभाव किस वस्तु का है, कह तू।"
"खेत-कुआँ है तो और इष्ट क्या किसान को?
और गीत -गान है तो कष्ट क्या थकान का?"
"तो भी?"
" कई काम एक साथ ऐसे आ गये,
और पुरखों का बड़ा नाम था समाज में;
लेना पड़ा थोड़ा ऋण मुझको पड़ोसी से।
किन्तु असमर्थ नहीं, शीघ्र चुका दूँगा मैं।"
"पर न चुकाना पड़े तो यह भला न हो?"
"खोटा, भला लेकर न दूँ तो मैं रहूँ कहाँ?
जौ-जौ तक देना और सौ-सौ तक लेना है?"
" किन्तु यदि मैं ही कहूँ तू न दे, तो फिर क्या?"
" तो सामर्थ्य किसका है ले सके जो मुझसे?
तो भी यह सत्य है, ऋणी तो मैं रहूँगा ही;
मुझको चुकाना ही पड़ेगा परजन्म में। "
ऋण ही चुकाया नहीं उसका नृपति ने
आप उसको भी पुरस्कार दिया प्रेम से।
कहते हैं, उसने प्रजा का ऋण भर के
साका किया और निज संवत् चला दिया।
ज्ञाता और गुणियों से, वीर तथा धीरों से
उसकी सभा थी परिपूर्ण सभी ओर से।
एक बार आके एक चारण ने यों कहा-
"पाटन की राज सभा मानो है महोबे की!"
चौंका नृप चारण की बात सुन ईर्ष्या से,
सहता अन्यत्र नहीं मान अपने को ही!
पूछा तब उसने महोबे के विषय में,

देखा-सूना जैसा था, बताया बारहट ने-
"एक-एक रत्न धरे बैठी है बसुन्धरा
एक-एक अंचल में, अतुल-अमूल्य जो;
देश-देश की है एक अपनी विशेषता। केन्द्र है प्रदेश वह मानो आर्यदेश का।
नर मुनि-देव सर्व अन्न वहाँ होते हैं,
साथ ही उपजते हैं रत्न-राज हीरे भी।
वन हैं वहाँ के उपवन से प्रकृति के,
और पुर-ग्राम पुरुषार्थ से पुरुष के!
चर्चा भला फूलों की, फलों की क्या चलाऊँ मैं;
कठिन बखान है वहाँ के पान-पत्तों का;
कायर भी वीर बन जायँ बीड़ा लेने को!
पानी नहीं, मानो मान पीते वहाँ मानी हैं।
झेल सकता है कौन उष्णता भी उनकी?
दुर्लभ है दूसरों को वैसी चारु चन्द्रिका,
औरों से अधिक रवि चन्द्र भी हैं, उनके;
ऋतुएँ हैं और वहाँ उत्सव हैं उनके;
पर्व हैं परम्परा के गर्ग उन्हें उनका।
पशुओं में पशुता, मनुष्यों में मनुष्यता;
किन्तु विहगों में तो विचित्रता ही है वहाँ।
उर्वर वहाँ का उर:क्षेत्र भी अपूर्व है;
पूर्ण वायु मण्डल है गीतों से, कवित्वों से;
वेदना भी केशर की कटुता-सी उनकी!
रीति, नीति, प्रीति वहाँ प्रभु की प्रतीति है;
किन्तु अकर्मण्यता नहीं है भाग्य रोने की।
पर्वत दिये हैं उन्हें उनकी धरित्री ने,
गढ़ दृढ़ दुर्ग दिये उसको उन्होंने हैं,
उपमा न पाकर बने हैं उपमान जो
मन्दिरों में दर्शन हों चाहे जिस मूर्ति के,
प्रथम प्रतिष्ठा वहाँ होती है कला की ही!
खोदकर शिल्पियों ने हृदय निकाले हैं
कौशलों के; विस्फुरण, दृष्टि हो तो देख लो।

उथले नहीं हैं गुणग्राही कूप गहरे;
सागर के सार भाग सदृश तड़ाग हैं।
नदियाँ वहाँ की अहा! लीक आप अपनी,
रोक नहीं पाये हैं पहाड़ आड़े जिनको।
प्रसतर-पटों पर तरंग-रंग-रेखाएँ
खींचती हैं अक्षय-विचित्र-चित्र कब से!
एक बूँद भी उस चंदेल खंड की सुधा
दिव्य कर सकती है भव्य भाव सृष्टि को।
चित्रकूट पर ही पड़ी थी दृष्टि राम की,
त्यागा था उन्होंने जब अपनी अयोध्या को!
श्रीयुत मदन वर्मा सदन सुकर्मों का,
शौर्य में भी, वीर्य में भी, इन्द्र है महोबे का।
संगर-विनोद, राग-रंग-मोद, दोनों में
एक-सा कुशल है कृती जो गुण-गौरवी।
मन से वरुण है, कुबेर वह धन से,
देता और भोगता है शूर दोनों हाथों से;
रात में भी जागता है, सोती है सुखी प्रजा।"
सुनकर चारण की बातें सिद्धराज को
ईर्ष्या हुई, किन्तु एक आकर्षण भी हुआ।
इच्छा कर देखने की, साथ ही दिखाने की,
वीर दल-बल से महोबे के लिए चला।
सार्थक वसन्त-काल मधु या रसाल था,-
बौरे महुए थे वहाँ और आम मौरे थे!
फूले थे असंख्य फूल, भौरे सुध भूले थे;
आ गई थी उष्णता खगों के कल-कण्ठों में;
गन्ध छा गया था मन्द-शीतल-समीर में;
लहरा रहे थे खेत सुन्दर सुनहले।
गा रहे थे मग्न रखवाले-रखवालियाँ
गीत किसी वीर के, नहीं तो किसी प्रेमी के;
वीरता में धीरता, गभीरता थी प्रेम में।

ऋतुएँ प्रकृति की हैं, उत्सव पुरुष के।
क्या-क्या भाव मन में उठे थे जयसिंह के,
चौंकने की शक्ति भी नहीं थी स्तब्ध उस को।
साँस-बस दीर्घ साँस आती और जाती थी-
"होती कहीं रानकदे हाय! ऐसी ज्योत्स्ना में?"

आकर समीप एक रक्षक ने यों कहा-
"पृथ्वीनाथ, एक राज-पुरुष महोबे का
सेवा में उपस्थित है, आवश्यक कार्य से।"
चौंक पड़ा राजा, वह पास ही शिविर के,
चाँदनी में घूमता था, एकाकी विचार में
मग्न; कुछ दूर-दूर रक्षक थे थोड़े-से।
आ आ कर एक ग्राम-गीत किसी खेत से
बरवस खींचे लिये जा रहा था उसको-
"मथुरा की नीति नई न्यारी, मधुवन की
प्रीति गई सारी।"* सावधान वह हो गया।
बोला- " एक दूसरा क्या देशल यहाँ भी
कैसे यहाँ आया वह?"
"देव, इसी ओर से
आ रहा था सेवा में, अचानक ही देख के
ठहर गया है यहीं। कहता है, देव के
दर्शन बहुत दिन पूर्व उसे हो चुके।
एक बार देख कौन भूले महाराज को?"
भाले पर दृष्टि डाल, निज को सँभाल के,
बोला सिद्धराज-" उसे आने दो, अकेला ही।"

आगत था एक प्रौढ़ वीर और साहसी ;
धोती घुटनों के तले, ऊपर अँगरखी;
रिक्त कर, किन्तु दोनों ओर कटि-बन्ध में
बाँधे था कृपाण दो-दो; सिर पर पगड़ी;
तिरक गये थे कुछ बाल दाढ़ी-मूँछों के;
तो भी गौर चर्म चिकना था, तना एक सा

राजा के समक्ष अनुरूप राजमन्त्री-सा-
जान पड़ा योद्धा, कुछ झुककर उसने,
एक हाथ माथे पर रख, मुजरा किया।
कर कुछ ऊँचा कर स्वीकृति दी राजा ने;
पूछा-"तुम कौन ओर कैसे यहाँ आये हो?"
"मैं हूँ महाराज, गृह-सचिव महोबे का,
स्वामी की कृपा ही बड़ी सेवक की योग्यता।
दूर से पधारे आप, दर्शनार्थ आया मैं ;
* मथुरा की नीति नई न्यारी,
मधुवन की प्रीति गई सारी।
कहते मुझे हैं क्षेत्र वर्मा वेत्रवती का।
रीते हाथ मिलते नहीं हैं लोग राजा से,
लीजे यह खंग भेंट!" कहकर भट ने
दाई ओर वाली असि, पर्तली को छोड़ के
कोष के समेत खींच भूपति को भेंट की।
वाम कर में ले नृप भाला बड़ा अपना,
दक्षिण में खड्ग ले के विस्मित-सा बोला यों-
"शस्त्र सौंप देना इसे समझँ तुम्हारा मैं?"
"यह रहा मेरा खड्ग, मेरे वाम पार्श्व में।"
"दीखता मुझे है वह, यह असि किसकी?"
"आपकी ही।"
" मेरी? मिली कैसे यह तुमको?"
"राज-जननी ने मुझे दी थी कृपा करके
जब मैं गया था दर्शनार्थ सोमनाथ के-
निज जननी के साथ; और महाराज ने
मुक्ति दी थी आप यात्रियों को तीर्थ कर से।
बहुत दिनों की बात, किन्तु इस असि को
देखकर जान पड़ती है अभी कल की।"
ध्यान आया राजा को कहा था राजमाता ने।
"वे हो तुम? लौटा क्यों रहे हो अब इसको?"
"धृष्टता क्षमा हो देव, कौन जाने, कल क्या?-

वैर किंवा प्रेम? यदि वैर ही हो भाग में,
तो क्यों आपकी ही असि आपके विरुद्ध हो?
मैंने सदा आदर के साथ इसे रक्खा है
और मान गौरव दिया है मुझे इसने।
किन्तु यही अच्छा आज जान पड़ा मुझको,
लौटकर जाय यह आपकी ही सेवा में।
हम भी निहत्थे नहीं प्रभु के प्रसाद से,
सार है हमारी असि में भी और धार भी। "
"उचित यही तो वीर! अन्यथा क्यों आता मैं?"
"काटे कितना ही सार, खेत किन्तु मेरा ही?
जीता नहीं कोई कभी वैर कर मुझसे।"
" प्रेम से ही हारेंगे हमारे महाराज तो।"
"किन्तु वैर किंवा प्रेम, उनको अभीष्ट क्या?"
"वे तो आतिथेय हैं; अतिथि की जो इच्छा हो,
बाध्य क्यों न होंगे वे समर्थ वही देने को!"
" प्रस्तुत हैं वे क्या जूझने के लिए मुझसे?"
"रहना ही पड़ता है प्रस्तुत सभी कहीं
नित्य मरने के लिए, जन्मधारी मात्र को,
जूझने में फिर भी शुभाषा है विजय की।"
थोड़ी देर मौन रह बोला फिर राजा यों-
"गर्व और विनय इकट्‌ठे हुए तुममें-
वीर, मैं प्रसन्न हुआ, वैर नहीं, प्रेम ही
लूगाँ उनसे मैं।"
"सिद्धराज के ही योग्य है
इतनी सरलता, विशालता हृदय की।
बर्बरक-जिष्णु विजयी हैं सज्जनों के भी;
शत्रुजयी जानते हैं मित्रता का मूल्य भी।
पाटन-महोबा मिल और भी महान हों,
किन्तु महाराज, लुट जाऊँ मैं न बीच में।
मेरा तो कृपण धन है यह कृपाण ही,
मेरे लिए प्राण से भी मूल्य बड़ा इसका।"

लौटा दिया खड्ग उसे हँस जयसिंह ने,
सिर से लगा के उसे बोला क्षेत्रवर्मा यों-
"मेरे लिए दुगुना महत्त्व आज इसका,
निज नरनाथ को ही देख जानता था मैं-
आपके करों में स्पर्श-मणि का प्रभाव है।"
"वीर, यह जानने को उत्सुक मैं फिर भी-
क्या कहा उन्होंने, यहाँ आया सुन मुझको?"
"आपस में बैठ लोग क्या-क्या नहीं कहते?
व्यक्तिगत बातें क्या समष्टिगत होती हैं?"
"झूठ नहीं बोले तुम सत्य को छिपा के भी;
तुमने सुयोग्यता से अपनी परीक्षा दी।
मित्र हो चुका हूँ, अब अनख न मानूँगा;
देता हूँ वचन, कहो, सुन के क्या बोले वे?"
'यदि धन माँगे एक कार्पटिक, ठीक है;
दे दो कुछ, धन से बड़ा है मूल्य जन का।
यदि रन माँगे वह, तो भी ठीक; अब के।
रंग से नहीं तो रक्त से ही निज होली हो।'
यह कहके वे गये राज-उपवन में;
सुमन-समान मन निर्मल था उनका।"

हो गयी थी भृकुटि कुटिल जयसिंह की;
किन्तु चढ़ा चाप-सा उतार लिया उसने।
क्षण भर मौन रह बोला वह विक्रमी-
"जो हो, राग-रंग ही हो होली के प्रसंग में;
भंग न हो, उत्सव उन्हीं का नहीं, मेरा भी।"
"देव, यही भाव है हमारे महाराज का;..
गर्व-योग्य पर्व आप लोगों के मिलन का;
आवे वह योग शीघ्र।'
"अच्छा कल" कहके
राजा ने विदा दी स्नेहपूर्वक ही उसको।
रात चाहे जागते ही बीती साज-सज्जा में,

पर दिन सुप्रभात प्रकटा महोबे में।
सारी पुरी स्वच्छ और सज्जित विशेष थी,
होकर नयी-सी, नये आगत अतिथि के
स्वागत के अर्थ, बहु भाँति चौक पूर के,
कदली के खम्भ रोप, मंगल-कलश ले,
बाँध नये तोरण, वितान बहु तान के,
सुन्दर पताकाएँ उड़ा के अन्तरिक्ष में,
भूमि पर पाँवड़े बिछा के राजमार्ग में,
उत्सुक खड़ी थी लिये बढ़ती उमंगों को!

हाथी पर बैठा सिद्धराज जयसिंह था;
घोड़ों पर साथ कुछ सैनिक चुने हुए
चारों ओर उसके थे। ऐसा भान होता था,
भाव मानो मूर्तिमान हो उठा था छन्द में;
विविध विभाव उसे दीप्त किये जाते थे।
पुर में प्रविष्ट वह तुष्ट हुआ देख के
आदर अकृत्रिम विशिष्ट वहाँ अपना।
दोनों ओर अट्टों से प्रसून-वृष्टि होती थी,
नागरों की पंक्तियाँ प्रणाम कर हर्ष से
जय-जयकार करती थीं आतिथेयातिथि का;
गाती थीं सुगीत पुर-नारियाँ समय के

स्थान भेंट का था उपवन के भवन में,
जिसमें वसन्तोत्सव हो रहा था विधि से।
मदन सदेह, धनी-मनी था, महोबे का,
अथवा सफल शौर्य भोगता था सम्पदा।
गण्य-मान्य पुरजन-परिजन संग ले
द्वार पर आके लिया उसने अतिथि को।
डील और शील में समान युग बन्धु-से
आज इस जन्म में मिले थे, उस जन्म के
बिछड़े, कृतार्थ दोनों अपने को मान के।

बोला हँस सिद्धराज-"पृथिवी का प्राणी मैं,
आ गया हूँ आज इस नन्दन विपिन में!
आसुरी विचार यहाँ आते ही कहाँ गये?
विस्मित हूँ।" सस्मित मदन वर्मा बोला यों-
"तो भी मैं विजित से भी अधिक अधीन हूँ;-
आप किसी भाव से पधारे हों न क्यों यहाँ,
मेरे तो अतिथि देव होकर ही आये हैं।
किन्तु अति शिष्टाचार द्योतक है दूर का।
शूर मानता हूँ अपने को, शस्त्र लीजिए?
वार करूँ रीते हाथ वीर पर कैसे मैं।"
यों कह उठा के पिचकारी एक सोने की
केसर के रंग भरी, दे के जयसिंह को,
दूसरी ले आप अविलम्ब धनी-धोरी ने
सररर वार छोड़ी! अररर करके।
उत्तर उचित सिद्धराज ने दिया उसे;
भीग गये दोनों एक दूसरे के स्नेह में!

रंगों से भरे हुए थे कुण्ड चारों ओर उनके;
दोनों दल वालों ने दिखाया बल अपना;
जीत थी उसी की वहाँ, हार जहाँ जिसकी।
पुष्पचूर्ण-वृष्टि क्या ही सौरभ-विशिष्ट थी;
धारायन्त्र शून्य को भी करते सचित्र थे!
मोड़ती हुई भी, मुख, ग्रीवा-भंग करके,
छोड़ती अपांग शर अंगनाएँ नर्तकी।
सच्चा रंग किन्तु उनका था कंठ-राग में,
कुण्ठित-से, स्तम्भित-से श्रोता सब हो गये।
शर का प्रहार रूढ़, मार गूढ़ स्वर की।
आहा! उस कूक में भी दूर-बड़ी दूर से
आ रही थी कैसी एक हूक-सी विरह की।
मानो यह उत्सव का आयोजन इतना
होता भव में है वही दिव्य व्यथा पाने को!

गान सुनते हैं सभी, रागिणी तो रोती है,
सच्चे मोतियों के गुणी-ग्राहक हैं कितने?

भेंट दूसरी थी अन्तरंग उन दोनों की।
बोला सिद्धराज-"सुखी जीवन के अर्थ मैं
देता हूँ बधाई बन्धु, आपको हृदय से।
कार्पटिक मात्र मैं तो, किन्तु मुझे आपसे
ईर्ष्या नहीं; अपना भटकना ही भाता है।"
"पाते हैं इसी में आप गौरव विजय का।
किन्तु महाराज, मत भिन्न-भिन्न होता है।
सुख है न जाने कहाँ, चाहे जहाँ मान लो,
मन अपना है और मानना भी अपना।
जितना मिला है मुझे, थोड़ा नहीं वह भी;
भोग लूँ उसी को क्यों न बैठकर शान्ति से?"
" सोचिए तो किन्तु परिणाम इस शान्ति का?"
'पाप का भी अच्छा परिणाम प्रायश्चित्त है;
फिर भी शुभायश सुनूँ मैं अभी आपका।"
"मैं तो चाहता हूँ एक राज्य, एकच्छत्र ही।"
"आपके ही योग्य यह उच्च अभिलाषा है;
किन्तु किया जाऊँ नहीं बाध्य जो किसी से मैं,
तो सन्तुष्ट ही हूँ इसी अपनी अवस्था में
लोभ तो अनन्त, क्षोभ कोई करे कितना।"
"तो क्या निज पूर्वजों का दिग्विजय व्यर्थ था?"
"सार्थक था वह तो अवश्य उनके लिए।"
जानते थे ठीक वे ही देश-काल अपना;
रहती नहीं है सदा एक स्थिति लोक की।
होते उनमें भी कभी कोई दिग्विजेता थे;
हम तो सभी के सभी एकच्छत्र योग्य हैं!
किन्तु क्षत्रियों की आज यादवों की गति है,
नष्ट हो रहे हैं हम आपस में जूझ के!
स्वप्न देखते हैं आप एक नर-राज्य का,

एक देव के भी यहाँ सौ-सौ भाग हो चुके!
हर-हर महादेव एक मन्त्र रहते,
कोई जय बोलता है मात्र सोमनाथ की;
कोई महाकाल की तो कोई एकलिंग की;
रह गये आप विश्वनाथ काशीनाथ ही!
एकच्छत्र धारण करेगा कौन, कहिए?
आप मेरे बन्धु, किन्तु जूनागढ़ से भी क्या,
कालिंजर-गोपाचल दुर्ग गये-बीते हैं?
क्या खंगार, अर्णोराज और नर वर्मा क्या,
सौ में वही एक आन-बान बस अपनी;
सब कुछ जाय, स्वयं कुछ भी न देंगे वे!
निश्चय बखानने के योग्य यह मान है;
चरम विकास जहाँ किन्तु वहीं हास भी।
सह्य नहीं अपनों की बाध्यता हमें, भले
सन्तति हमारी करे दूसरों की दासता!
होता यही दीख पड़ता है मुझे अन्त में।
देते मणिधारियों को जन्म मणिधारी ही;
नहीं-नहीं, मुक्ताधर कुंजरों के जात भी
होते नहीं तात! कभी मुक्ताधर ही सभी;
तो भी कुलनाश यहाँ यों ही हुआ जा रहा।
धर्मराज का भी एक राज्य खोया हमने,
एकच्छत्र रक्खा चन्द्रगुप्त ने, अशोक ने,
विक्रम ने, हर्ष ने भी, किन्तु व्यक्तिगत ही।
देश हे विशाल, दूर-दूर एक लोक-सा,
भार एक क्षत्रियों को, ईर्ष्या-द्वेष उनमें;
और लोभ कौन बड़ा होगा भला राज्य से?
संकट में क्षात्रधर्म धारें अन्य वर्ण भी,
किन्तु जिन्हें शिक्षा नहीं, युद्ध क्या करेंगे वे?
शस्त्र जो धरेंगे तो मरेंगे स्वयं उनसे।
आपद्धर्म की भी एक योग्यता तो होती है;
हमने प्रजा में क्या किया है उसके लिए?

देते हैं स्वधर्म-दीक्षा बल से भी दूसरे,
किन्तु वीर-धर्म यहाँ केवल हमारा है;
ठेका ले लिया है ठाकुरों ने ही ठसक का!

दूसरी दिशा में उदासीन हम हो रहे;
'कोई क्यों न ले-ले राज्य, छोड़ दिया राज ने।'
जागता है ज्ञान-मन्त्र बहुधा श्मशान में!
होगा उपराग-सा अकाल का विराग भी;
कितने समर्थ कुल लोप हुए इससे।
योग्य व्यष्टियों के बिना गति क्या समष्टि की?
ऐसे मुक्त जात देंगे बन्धन ही जाति को।
भ्रमते फिरेंगे वंशनाशी जरत्कारु ज्यों।
जीना शत वर्ष कर्म करके कठिन है;
मुक्ति मर के भी मिलती है क्या सहज में?
हिंसा मिटे, बुद्ध महावीर की दया बढ़े,
किन्तु आत्म-रक्षा हमें करनी पड़ेगी ही;
शूरता भी क्रूरता न मानी जाय अन्त में;
धार्मिक विरोध हमें दुर्बल बना रहे।

तो भी मैं निराश नहीं, आप जैसे विजयी
वीर और धीर जब जन्म यहाँ लेते हैं।
सोमनाथ मन्दिर विधर्मियों ने ढा दिया,
किन्तु वह पूर्व से भी पुष्ट खड़ा आज है।
देना पड़ा और देना होगा हमें आगे जो,
क्या कुछ मिलेगा नहीं बदले में उसके?
संजीवनी शुक्र की है उग्र असुरों में भी,
और मय जैसी मंजु शिल्पकला उनमें।
आया अलक्ष्येन्द्र यहाँ, वीर पुरु हारा भी,
रहते हुए भी पुरुषार्थ, दैव-योग से।
किन्तु अन्त में क्या हुआ? चन्द्रोदय अपना
मूर्तिमन्त नव्य यश। नाता जुड़ा उनसे,
ज्ञान, कर्म और कला-कौशल थे जिनमें;

सब भर पाया नहीं अन्त में क्या हमने?
होंगे युग-पुरुष स्वयं ही युग-युग में।
देना पड़े मूल्य हमें चाहे जितना बड़ा।

'देखता था सिद्धराज विस्मय से, श्रद्धा से,
भोगी है मदन वर्मा किंवा एक योगी है?

(1936 ई०)

रामचरित उपाध्याय

दासता में सुख किसी को हो नहीं सकता कभी,
किन्तु उसके शीश पर है दुख आ पड़ते सभी।
बेच दी निज देह को जिसने धनाशा में अहो,
रात-दिन परतंत्रता का दुःख उसको क्यों न हो।।

रामचरित्र उपाध्याय द्विवेदी युग के राष्ट्रीय कवियों में अपने ढंग के अनूठे रचनाकार थे। इनके पूर्वज मूलतः गोरखपुर जनपद के धमौली ग्राम के निवासी थे, पर कविवर से कई पीढ़ी पूर्व वे आजमगढ़ जनपद के महराजपुर ग्राम में आ बसे थे, जहाँ आज भी उनके वंशज निवास करते हैं। इनके पिता का नाम पं. हरिप्रपन्न शास्त्री और माता का नाम अमृता देवी था। इनके ही पुत्र के रूप में रामचरित का जन्म कार्तिक, कृष्ण 4 सं. 1929 वि. (20 अक्टूबर, 1872 ई.) को हुआ। प्रारंभ में अपने पिता से और उनके निधनोपरान्त अपने अग्रज पं. महादेव शास्त्री से संस्कृत का अध्ययन किया। 1890 ई. में अध्ययनार्थ वे काशी गये और 1904 ई. तक महामहोपाध्याय पंडित शिवकुमार शास्त्री के यहाँ संस्कृत का अध्ययन करते रहे। व्याकरण, साहित्य, दर्शन, गणित और ज्योतिष उनके अध्ययन के विषय थे और वे एक अच्छे पंडित थे। उन्हें अपने पाण्डित्य का स्वाभिमान भी था।

बचपन का अल्पकाल आजमगढ़ में व्यतीत होने के पश्चात् वे ग़ाज़ीपुर चले गये, जहाँ उनके पिता पौरोहित्य करते थे। उनके जीवन का अधिकांश काल गाज़ीपुर में ही बीता। 66 वर्ष की अवस्था में जबड़े के कैंसर से उनका निधन 12 नवम्बर 1938 ई. में हो गया। गाज़ीपुर में उन्होंने कजली और चैता जैसे लाकगीतों से काव्य-लेखन का प्रारंभ किया। उसके पश्चात् उन्होंने ब्रजभाषा में दोहा और कुण्डलिया छंदों में शृंगार, भक्ति और नीति सम्बन्धी काव्य लिखा और अवधी में बरवै छंदों में भी कुछ रचनाएँ कीं। बाद में खड़ी बोली में काव्य-रचना के लिए प्रोत्साहित करने वाले पं. महावीरप्रसाद द्विवेदी के प्रभाव से उन्होंने खड़ी बोली में महाकाव्य, खंडकाव्य, गीत आदि का प्रणयन किया। उनकी ब्रजभाषा की रचनाओं का संकलन 'ब्रेज सतसई' नाम से प्रकाशित हुआ था, जिसमें 700 दोहे हैं, अन्य उनकी प्रारंभिक रचनाएँ उपलब्ध नहीं हैं।

उपाध्याय जी ने 'सरस्वती', 'सुधा', 'माधुरी', आदि अपने समय की प्रसिद्ध पत्रिकाओं में बराबर कविताएँ लिखीं और उनको समुचित प्रकाशन मिलता रहा। एक ज़माना था, जब 'सरस्वती' का कोई अंक ऐसा नहीं होता था, जिसमें इनकी कोई रचना प्रकाशित न हुई हो। उनमें भाषा, व्याकरण और छंद के प्रति काफी

सजगता मिलती है। वे काव्य में व्याकरण सम्बन्धी दोष के प्रबल आलोचक थे। कविता को वे नैसर्गिक देन और भगवान का सबसे बड़ा अनुग्रह मानते थे। वे कहा करते थे :

मन, रमा रमणी रमणीयता, मिल गयीं यदि ये विधि योग से।
पर जिसे न मिली कविता-सुधा, रसिकता सिकता सम है उसे।।

उपाध्याय जी की काव्य विषयक अपनी मान्ताएँ थीं। वे भारतीय संस्कृति के पोषक और समर्थक थे। हिन्दू जीवन-पद्धति में उनका विश्वास और आस्था थी। सच्चाई और सदाचार उनके आचरण के अंग थे। उनकी मान्यता थी की हिन्दू मान बिन्दुओं के संरक्षण और संवर्धन से ही भारत की राष्ट्रीयता का संवर्धन और पोषण होगा। वे सर्वधर्म समभाव के प्रबल पोषक भी थे, क्योंकि हिन्दुत्व का यह अनिवार्य लक्षण है। उनकी दृष्टि में स्वदेश, स्वधर्म, स्वभाषा और स्वतंत्रता का स्थान समान है। इन सबके समवेत स्वर को ही वे राष्ट्रीयता मानते थे।

उनमें राष्ट्रीयता और राष्ट्रभाषा प्रेम कितना भरा था, उसका अनुमान इसी से किया जा सकता है कि कैंसर की असह्य वेदना झेलते हुए मृत्यु-शय्या पर उन्होंने एक कविता लिखी थी :

यदि हिन्दी सेवा कर पाता,
तो भी जन्म सफल कर जाता।
वह भी इच्छा हुई न पूरी
भाग्य-विवश रह गयी अधूरी।।

रचनाएँ : रामचरित उपाध्याय की अब तक प्रकाशित रचनाएँ निम्नांकित

(1) सूक्ति- मुक्तावली (स्फुट), 1914 ई.
(2) देवदूत (खंडकाव्य), 1917 ई.
(3) रामचरित चन्द्रिका (चरितप्रधान काव्य), 1919 ई.
(4) उपदेश-रत्नमाला (स्फुट), 1919 ई.
(5) रामचरितचिन्तामणि (महाकाव्य), 1920 ई.
(6) राष्ट्रभारती (स्फुट), 1921 ई.
(7) सूक्ति-शतक (स्फुट), 1927 ई.
(8) शुक-संवाद (खंडकाव्य), 1928 ई.
(9) मुक्ति-मंदिर (गीता का भावानुवाद), 1934 ई.
(10) ब्रज सतसई (स्फुट दोहे), 1937 ई.
(11) देवसभा, (खंडकाव्य), 1920-28 ई.

(12) भारत-भक्ति, 1920-28 ई.
(13) वृद्ध विवाह, 1920-28 ई.
(14) सूरि शतक (चरित-काव्य), 1930 ई.
(15) सीता-समाचार (अनुपलब्ध)
(16) मुक्ताहार (संग्रह), 1974 ई.
(17) रामचरित -ग्रंथावली, 1974 ई.
(18) देवी द्रौपदी (नाटक), 1920 ई.

उपाध्याय जी की काव्य-प्रतिभा : रामचरित उपाध्याय एक समर्थ कवि थे। उनमें शास्त्रीयता और भावुकता दोनों को समन्वय था। भाषा पर उनका पूर्ण अधिकार तथा काव्यशास्त्र व छंदशास्त्र के वे पंडित थे। उनमें राष्ट्रभाव की पराकष्ठा थी, जेसका प्रकट दर्शन उनके महाकाव्य, खंडकाव्य, चरितकाव्य तथा स्फुट रचनाओं में बराबर मिलता है। उनकी काव्यगत विशेषताओं को हम निम्नलिखित बिन्दुओं में रेखांकित कर सकते हैं :

प्रबंध-क्षमता

(क) महाकाव्य : उपाध्याय जी ने 'रामचरितचिन्तामणि' नामक महाकाव्य लिखा जो 'साकेत' और 'प्रियवास' की कड़ी में द्विवेदी युग का तीसरा महाकाव्य है। इसमें राम की कथा को लेकर कथा का ताना-बाना बुना गया है। इस पर वाल्मीकि और तुलसीदास, दोनों ही महाकवियों की रचनाओं का प्रभाव है। शम्बूक-वध और सीता-निर्वासन के प्रसंग 'रामचरितमानस' में छोड़ दिये गये थे, उन्हें भी इस रचना में सम्मिलित किया गया है। कवि ने यह दिखाने का प्रयास किया है कि लोकापवाद से राम ने सीता को वन के वाल्मीकि आश्रम में भेज दिया, पर अन्त:करण में इस बात का उन्हें पश्चाताप था।

इस महाकाव्य की भूमिका में संस्कृत के विद्वान पं. रामदहिन मिश्र ने लिखा है कि 'इसमें सर्गबन्धादि स्थूल लक्षण से लेकर वृत्तकीर्तनादि सूक्ष्म लक्षण तक महाकाव्य के प्राय: सारे लक्षण माने वर्तमान हैं। कथा की भाव-भंगी नयी तथा रंग-ढंग नया है। वर्णन-शैली प्रभावशालिनी तथा हृदयग्राहिणी है। सर्वत्र ही लेखक के भाषा-प्रभुत्व, भाव-प्राचुर्य, प्रगाढ़ पाण्डित्य, कल्पना- कौशल, वर्णन-पाटव और अलौकिक प्रतिभा का परिचय मिलता है।'

अन्य रचनाओं की भाँति ही उपाध्याय जी की इस रचना में भी देशभक्ति और राष्ट्रीयता का स्वर प्रधान है। राम इस कथा में अपने प्राचीन संदर्भों के साथ आज़ादी के लिए संघर्षरत नेताओं के प्रतिनिधि भी हैं। राम से राक्षसों के उन्मूलन का अनुनय

इस प्रकार किया गया है :

हा! आप के रहते असुर ऊधम मचाते देश में,
गो-दुग्ध-घृत गो दुग्ध घृत मिलते नहीं, भारत पड़ा है क्लेश में।
फिर यज्ञ कैसे हो, विभो! सामग्रियाँ जब हैं नहीं,
क्या राजपूतों में पूर्व शक्तियाँ हैं ही नहीं।
निज देश का, निज वेश का, निज वंश का, निज धाम का,
निज ग्राम का, निज धाम का, हे राम! अपने काम का।
सब भारतीयों के हृदय में नित्य इसका ध्यान हो,
अति दुर्जनों की क्रूरता का भी उन्हें कुछ ज्ञान हो।

इस प्रकार हम देखते हैं कि प्राचीन राम कथा के साथ युगीन संदर्भों को स्थान-स्थान पर बड़े ही काव्य- कौशल के साथ जोड़ने में कवि ने सफलता पायी है। इसी दृष्टि से अपने युगीन संदर्भ में इस रचना की भी अपूर्व मूल्यवत्ता रही है।

(ख) खंडकाव्य : उपाध्याय जी ने देशभक्तिप्रधान कई खंडकाव्यों की रचना की है। इनमें 'देवसभा', 'देवदूत' और 'शुक-संवाद' का विशेष महत्त्व है। ये तीनों ही कल्पित कथानक पर आश्रित हैं और तीनों का उद्‌देश्य देशभक्ति की भावना को बल देना है। 'देवसभा' में एक भारतीय मरणोपरांत स्वर्ग पहुँचता है, पर वहाँ उसका मन नहीं लगता, और देवताओं के सम्मुख वह भारत के दुःख- दैन्य का मार्मिक चित्रण करता है। अन्त में विष्णु यह व्यवस्था देते हैं कि स्वंग से दो पार्षद भारत जायँगे और वे उसकी पराधीनता एवं कष्ट को दूर करेंगे। कवि का संकेत तिलक और गांधी की ओर है। इस व्यवस्था से उसे शान्ति मिलती है। इसी शैली का दूसरा खंडकाव्य 'देवदूत' है। इसमें भी स्वर्गस्थ एक भारतीय की वेदना अंकित है और देवों से वह निवेदन करता है कि वे अपना दूत भारत भेजें। इस प्रसंग में वह भारत का भव्य वर्णन करता है। 'शुक-संवाद' में भी एक काल्पनिक कथा है। एक रमणी का पति स्वदेश के लिए युद्ध के मोर्चे पर गया है। रमणी शुक को अपना संदेश वाहक बना कर भेजती है। रमणी भी राष्ट्र प्रेम का संदेश भेजती है और उसका पति उस शुक के माध्यम से अपना वीरतापूर्ण कुशल-क्षेम प्रेषित करता है। इस महनीय सेवा पर प्रसन्न होकर तरुणी शुक को पुरस्कार देना चाहती है। शुक कहता है कि यदि तू मुझे सचमुच पुरस्कार देना चाहती है तो मुझे बंधन मुक्त कर दे; पिंजड़े से बाहर करके स्वतंत्र कर दे :

स्वाधीनता जैसे तुझे प्रिय है,
उसी विधि है मुझे।

स्वाधीन सच्चा है वही,
स्वाधीन जो पर को करे।

इस रचना में शुक भारत की आज़ादी का बड़े ही साहित्यिक ढंग से वकालत करता है। अंग्रेज़ जो भारत पर अपनी सत्ता का तर्क देते थे, वही वह तरुणी शुक को देती है पर आज़ादी के दीवानों की भाँति शुक उसे उत्तर देता है :

है जेल यह मेरे लिए सुन्दरि, रजत का पींजरा।
यह स्वर्ण मंदिर है नहीं, मेरे लिए यम-गेह है।

अंग्रेज़ जो भारतीयों को 'सर', 'रायबहादुर', 'राजा' आदि की उपाधियाँ देते थे, उन पर वह व्यंग्य करता है :

पदवी न 'आत्माराम' की तुमने मुझे दी प्रेम से।
बस दासता का चिह्न मेरे नाम के सिर रख दिया।

अंतिम चरण में वह महात्मा गांधी के बंदी बनाये जाने की ओर इशारा करके आत्म-निवेदन प्रस्तुत करता है :

तूने मुझे स्वार्थान्ध हो बंदी किया रे निर्दयी।
फिर भी महात्मा क्यों मुझे, तू कह रही लज्जा नहीं।।

काव्य-प्रबंधों के माध्यम से आज़ादी का मंत्र जन-मन में डालने वाले महाकवि पं. रामचरित उपाध्याय अपने ढंग से अकेले रचनाकार हैं।

राष्ट्रीयता का उद्दाम वेग : उपाध्याय जी में राष्ट्रभाव कूट-कूटकर भरा था। वे सक्रिय राजनीति में नहीं थे। न तो कभी तिलक-गांधी के संपर्क में आये और न किसी सत्याग्रह-आन्दोलन में गये, पर उन्होंनें अपनी कविताओं में जिस निर्भयता और साहस का परिचय दिया वह बेजोड़ है। अग्रेज़ों को फटकारते हुए वे कहते है :

रे बक धूर्त! कहाँ से आया,
मायाजाल खूब फैलाया।
अपने वश में जिसको पाया,
अपना उसे शिकार बनाया।
कुत्सित कर्म मनोहर रूप। तू बक धूर्त शठों का भूप।
(विदेशी बक)

'राष्ट्र भारती' संग्रह में 'गद्दी पर का गधा' शीर्षक कविता में वे भारतीय मूल के अंग्रेज़ी सरकार में गद्दीधारी अफसरों को चेतना देते हैं :

पड़ा क्लेश में देश, ऐश में तू डूबा है,
हाजिर बासी से न अभी तक तू उबा है।

बिना दाम का दास बना है, लाज नहीं है,
बेगारी कर रहा और कुछ काज नहीं है।
'राय बहादुर' बना देश से दुर-दुर होकर
कृत्रिम 'राजा' बना पिता के धन को खोकर।
कुर्सी तोड़ी व्यर्थ बेगारी करके तूने।
चौपट करके काम काज सब घर के तूने।
तू सी. आई. डी. बना क्या ईसाई के हाथ से।
क्यों विच्युत हो बैरी बना, निज समाज के साथ

उपाध्याय जी की साधना मातृभूमि की साधना थी। उनका एकमात्र लक्ष्य भारत की स्वतंत्रता थी और उसका माध्यम उनकी रचनाएँ थीं। 1938 ई. में उपाध्याय जी का निधन हो गया। उसके पूर्व का अंग्रेज़ी शासन का काल कितना प्रतिशोधात्मक था, पर इसकी चिन्ता किये बिना उन्होंने आजादी का बिगुल बजाया और निर्भीक होकर अंग्रेज़ी शासन को फटकारा। उन्होंने स्वयं अपने जीवन के उद्देश्य को व्यक्त करते हुए अपनी एक कविता में लिखा है :

नहीं स्वर्ग की चाह मुझे है,
नहीं नरक की भीति।
बढ़ती रहे सदा मेरी बस,
जन्म भूमि में प्रीति।
बने अब मत कोई जयचंद
फले-फूले भारत सानंद।
(राष्ट्र-भारती)

'स्वराज्य' की स्पष्ट माँग उनकी रचना 'स्वराज्य सोपान' में है, जो 1921 ई. में प्रकाशित हो चुके उनके संग्रह 'राष्ट्र भारती' में संकलित है। 'स्वराज्य' और 'पूर्ण स्वराज्य' की माँग की घोषणा राजनीतिक मंच से बाद में हुई, पर महाकवि ने यह घोषणा' 21 के पूर्व ही ललकार कर कर दी थी :

क्या स्वराज्य है, खेल-तमाशा? उसको समझो टेढ़ी खीर।
पर तो भी वह मिल जावेगा, मन में होना नहीं अधीर।
उसका पूरा मूल्य आपने क्योंकि अभी तक दिया नहीं।
या कि आपने समुचित उसका यत्न अभी तक किया नहीं।
जिससे दैन्य दूर होता है, वही हमें मिल गयी जड़ी,
जो मृत को जीवित करती है, निकट खड़ी है वही घड़ी।

क्यों मुख मोड़ें हम स्वराज्य को प्राप्त करेंगे जैसे हो,
तन-मन से हम जिसे करें, वह काम नहीं फिर कैसे हो।

उपाध्याय जी समाज के अन्दर सांप्रदायिकता, जातिवाद, छुआछूत आदि के घोर विरोधी थे। वे हिन्दू-मुस्लिम-ईसाई सभी की एकता के पक्षधर थे। वे इन सभी धर्मावलम्बियों को भारत को अपनी जन्म भूमि मानने और यहाँ की संस्कृति को अपनी ही संस्कृति समझने का संदेश दिया करते थे। उनके राष्ट्र-प्रेम की नींव कितनी विचारपूर्ण थी कि 'राष्ट्र भारती' संग्रह की ही उनकी एक रचना 'देश का प्यार' में उन्होंने स्वर्ग से भी अधिक गरिमामय अपने देश की 'चमरावटी' (हरिजन बस्ती) को बताया है और चमार जाति को आदर देते हुए हमें चेतावनी दी है :

अमरावती से अच्छी चमरावटी है तेरी,
सुरराज-गेह से भी शुभ रावटी है तेरी।
देवों से जो न ऊँचे तेरे चमार होते,
फिर तो कभी न शंकर शबराऽवतार होते।
जगदीश से न तुमको हम बीस क्यों पुकारें?
जय जय स्वदेश प्यारे! हो विश्व के दुलारे।।

पं. रामचरित उपाध्याय का भाषा पर पूर्ण अधिकार था। वे काव्यशास्त्र और छंदशास्त्र के पंडित थे। उनकी रचनाओं में स्वदेश, स्वभाषा, स्वराज्य का स्वर प्रधान है। समाज के अन्य ज्वलंत प्रश्नों को भी उनकी कविता में स्थान मिला है जैसे-विधवा-विवाह, बाल-विवाह विरोध, दहेज विरोध आदि। पर ये सब विषय उनके लिए गौण थे। उनका तो एक ही मंत्र था :

मातृ से भी जन्म धरती,
सौ गुनी है, मान्य है।
है यही सिद्धान्त जिनका,
जन्म उनका धन्य है।।

और इसी प्रकार का धन्य जीवन व्यतीत करते हुए इस महान राष्ट्रीय महाकवि ने अपनी जीवन लीला समाप्त की।

जन्मभूमि

जन्म-भू- सी जन्म-भू है और है उपमा नहीं;
खोजते रहिए कभी भी पा नहीं सकते कहीं।
जन्मदा माँ है हमारी जो नहीं निःस्वार्थ है;
जन्म-भू- सी फिर उसे कहना हमारा व्यर्थ है।।1।।

जाहवी यद्यपि हमारे पाप हरती है सदा;
सत्य है, तो भी नहीं वह है हमारी अन्नदा।
जन्म-भू के सम उसे भी मानना अच्छा नहीं;
काम सुरभी के बराबर और सुरभी है नहीं।। 2।।

है पिता से मान्य माता दशगुनी इस मर्म को;
जानते हैं वे सुधी जो मानते हैं धर्म को।
मातृ से भी जनम-धरती सौ गुनी है, मान्य है;
है यही सिद्धान्त जिनका जन्म उनका धन्य है।।3।।

सौख्यदा जो है हमारी पुण्यतोया धर्मदा;
गोद में जिसकी बही है खेलती श्री नर्मदा।
जन्म-धरती जो हमारी सर्वदा है सर्वदा;
क्यों नहीं उसकी करें हम प्रेम से पूजा सदा।।4।।

स्वर्ण-पिंजर में पड़ा भी जन्म भर है झूलता;
किंशु-कोटर को न तो भी शुक कभी है भूलता।

है जघन्येश्वर वही जो वन्य उसको बूझता;
धन्य है जो मान्य जन्म-स्थान को है पूजता। 15।।

हंस! गंगा- कूल भी अनुकूल तेरे है नहीं;
मानसर पहुँचे बिना तू मान सकता है नहीं।
धन्य है अनुरक्ति तेरी धन्य तेरी शक्ति है;
धन्य तेरी जन्म-धरती, धन्य तेरी भक्ति है।16।।

जो किसी को दु:ख देता है वही रहता नहीं;
पूज्य तेरी जन्म-धरती तो नहीं जाती कहीं।
मेघ की काली घटा हट जायगी वह आप से;
हंस! तू छुट जायगा तब दीनता के ताप से।। 7।।

मृत्यु होते ही स्वजननी फेंकती है गोद से;
तो हमें हा जन्म-धरती चूमती है मोद से।
जो हमारी अस्थि को भी फेंक सकती है नहीं;
स्वप्न में भी हम उत्रृण उससे कभी होंगे नहीं।। 8।।
'राष्ट्र भारती' से (1921)

भव्य भारत

[1]

तेरे रज:कणों से ईश्वर भी निज देह बनाता है;
अति कृतज्ञ हो वह तेरे गुण अमित मुखों से गाता है।
देह मिटाकर फिर तुझमें ही उनको कभी मिलाता है;
इसीलिए जगदीश्वर से भिन्न न माना जाता है।
जय जय भारत! पुण्य निधान।
इस त्रिभुवन में अन्य देश क्या तेरे सम पावेगा मान?

[2]

स्वर्ग लोक से आकर गंगा तेरे पग को धोती है;
"तेरी पूजा करने ही से वह भी पूजित होती है।
तेरे चरणोदक को हरने अपने शीश चढ़ाया है;
विष्णु-चरण-सम तव चरणों का शुभ माहात्म्य बढ़ाया है।
स्वर्ग-सेव्य है जय-जय देश।
तेरे दास दुखी क्यों होंगे, कुटिल जनों से पाकर क्लेश?

[3]

तुझे सुधाकर सुधा-करों से निशि में सींचा करता है;
दिव्य दिवाकर तेरे रस को सुख से खींचा करता है।
मेघों द्वारा तुझे इन्द्र भी चार मास नहलाता है:
पंखे झलकर तुझे पवन भी जग पालक कहलाता है।
सुख- सागर है जय जय देश।
किसको वश में करें न तेरा मोहन मंत्र-तुल्य वर वेश?

[4]

दुर्गम दुर्ग बने हैं तेरे विन्ध्य-हिमाचल अचल अभी;
अविकल खाई हैं वारिधि की तनिक न होना विकल कभी।
अगणित नर कुंजर-सिंहों से सेवित हैं, कर सोच नहीं;
तुमको त्रास दिखा सकते हैं कभी कहीं नर पोच नहीं।
जय भारत! प्राणों के प्राण!
तेरा क्यों कल्याण न होगा, तू तो है त्रिभुवन का त्राण।

[5]

तेरा वक्ष विशाल बना है वज्रोपम रजताचल का;
तेरे सिर पर मुकुट विराजित है अनुपम कनकाचल का।
ज्वालामुखी व्याज से तू निज भीषण जीभ दिखाता है;
तेरे लू के रूप उसाँसों से न कौन कँप जाता है।
जय-जय भारत भूषण बल का।
तू ही कालानल है भूतल ऊपर सारे खल दल का।
'राष्ट्र भारती' से (1921)

राम

ईश्वर का अवतार वही जो तारे जग को,
विस्तृत जो कर सके परिष्कृत वैदिक मग को।
राम! आपके काम सदा ऐसे होते थे,
ईश आपको समझ सभी सुख से सोते थे।। 1।।
करते थे उपकार देश का तन-मन-धन से,
सदा सत्य संकल्प आप थे बालक पन से।
धैर्यवान, नितिज्ञ, चतुरवर, विजयी, दानी,
राम! आप सा और जगत में हुआ न ज्ञानी।। 2।।
जब तक जग में रहे आप तब तक जगती पर,
पुत्र-शोक से एक मनुज भी हुआ न कातर।
इति-भीति का नाम नहीं था, रहे न रोगी,
सब दिन जन सर्वत्र सभी थे सुख के भोगी।। 3।।
पिता-भक्ति का पाठ आपने हमें पढ़ाया,
और लोक पर भ्रातृ-भाव का रंग चढ़ाया।
पर-नारी पर-रमा आपने देखी जैसे,
दृष्टि हमारी उसी भाँति कब होगी कैसे?।। 4।।
पतितोद्धारक प्रथम आप ही यहाँ हुए थे,
दीनबन्धु, हे राम! आप से कहाँ हुए थे?
फल खाकर के आप प्रेम-युत शबरी कर से,
हुए प्रशंसित लोक-मान्य तुम सब के उर से।। 5।।
राम! आपने केवट को भी कंठ लगाया,
पल भर में अस्पृश्य जाति को स्पृश्य बनाया।

की कृतज्ञता प्रकट आपने उस पर भारी,
दिखा दिया भगवान मान्य हैं जन उपकारी।। 6।।
सत्य-सन्ध भी हुआ न कोई आप सरीखा,
वचन बद्ध हो, नहीं आपने हटना सीखा।
बाली मारा तुरत बात थी तुमने हारी,
यश-अपयश की कथा तनिक मन में न विचारी।। 7।।
राम! आप थे धर्म-नाशकर्ता के नाशक,
सकल लोक के एक आप ही थे अनुशासक।
जिसने किया अधर्म आपके राज्य-काल में,
तुरत आपके हाथ गया वह काल-गाल में।। 8।।
राक्षसियों को दण्ड आपने उचित दिया है,
धर्म-च्युत हैं, दण्ड्य सभी, यह सिद्ध किया है।
आप न्याय निष्पक्ष नहीं यदि करते ऐसे,
मर्यादा-रत-श्रेष्ठ आप फिर होते कैसे?।।9।।
पतिता थी, हो गयी पवित्रा गौतम-वामा,
राम! आपकी चरण-रेणु से लोक-ललामा।
आज हजारों स्त्रियाँ पड़ी हैं बिना सहारे,
ज्ञान, तपोबल, तेज, हाय! क्या हुए हमारे?।। 10।।
असुर-देश में गये तदपि निज देश न भूले,
और वहाँ के दोष ग्रहण कर आप न फूले।
किन्तु आपका शिष्य विभीषण हुआ, धन्य है,
राम! आज आचार्य हमारे हुए अन्य हैं ।।11।।
इन्द्र-वज्र से कठिन आप के तीक्ष्ण तीर थे,
धर्म-धीर थे आप अलौकिक-वीर थे।
सिन्धु-सेतु दृढ़ बाँध चढ़े लंका के ऊपर,
उसे जीत कर राम! किया अक्षय यश भू पर।। 12।।
न्याय-परायण अन्य आप-सा नहीं कहीं था,
धन्य आप में तनिक लोभ का नाम नहीं था।
प्रभु को लंका मिली समर करने पर भीषण,
भवत्कृपा से हुआ उसी का भूप विभीषण।। 13।।
'रामचरितचन्द्रिका' से (1919 ई.)

भारत का हित

जो न विदेशी भाषा -भूषा के वश होकर फँसा रहे,
वही कहे जो सही करे, जो नहीं करे सो नहीं कहे।
प्राण-प्रणों से प्रण प्रतिपाले भाले से भी टले नहीं,
भारत का हित वही करेगा खल-चालों से चले नहीं।। 1।।

खाते-पीते-सोते-जगते जो जन सदा सचेत रहे,
सुमन सरीखे तन पर जिसके सुखद खलों की बेंत रहे।
जो विभ्रम के भ्रम में पड़कर श्रम के क्रम से थके नहीं,
भारत का हित वही करेगा काम करे जो बके नहीं।। 2।।

समझे खेल जेल को मन में जो बेड़ी पहने तन में,
खल-बादल की वृष्टि सहे जो फाँके धूल विजन वन में।
मरण-काल को उत्सव समझे जो न किसी से हटे कभी,
भारत का हित वही करेगा जो न बात से कटे कभी।। 3।।

जो भारत में बसे, वस्तु भारत की बर्ते प्रण करके,
दुख-सुख सम समझे, न पड़े जो कभी प्रलोभन में पर के।
करे साधु से सदा साधुता खल से खलता किया करे,
भारत का हित वही करेगा जो असहयोग-रस पिया करे।। 4।।

जो न विदेशी वस्तु विलोके ओढ़े चद्दर खद्दर की,
जो केवल अपने बल चलकर देखभाल रखे घर की।
खल-दल के कल से छल से जो प्रबल पराक्रम दिखलावे,

भारत का हित वही करेगा जो न कभी धोखा खावे।। 5।।

श्वेत चर्म पर जो न भूलकर व्यर्थ त्रिशंकु -तुल्य झूले,
दास-वृत्ति पा करके मन में जो न फूल करके ऊले।
जो पर-वेश क्लेश कर समझे देश-निदेश शीश धारे,
भारत का हित वही करेगा जो अहितों से न कभी हारे।। 6।।

फैशन की फाँसी में फँसकर जो नर नहीं विलास करे,
भुक्ति-मुक्ति के लिए भक्ति से जो नर शक्ति-विकास करे।
जो न सुखाशा से निराश होकर अपना उपहास करे,
भारत का हित वही करेगा जो न त्रास को पास करे।। 7।।

पिस पावे जो तिल-सा सुख से घिस जावे जो चन्दन-सा,
हेलेना टापू को मन में जो समझे नन्दन वन-सा।
मरे भले ही मुरे न पर से प्रलय बीच भी अचल रहे,
भारत का हित वही करेगा जो सबलों पर प्रबल रहे।। 8।।

मद-मत्तों से भुनगों के सम समझे जो गम करे नहीं,
क्रम से विक्रम द्विगुण दिखावे सत्साहस कम करे नहीं।
जो परवाह न पर की रक्खे अपने को अपना जाने,
भारत का हित वही करेगा जो सुख को सपना जाने।। 9।।

जो सर्वस्व निछावर कर दे स्वयं देश-दुख हरने को,
विमुखों के मुख-मर्दन कर दे गर्दन दे जो मरने को।
धर्म कर्म के मर्म तत्त्व को स्वत्व-सहित जो प्राप्त करे,
भारत का हित वही करेगा सत्त्व शवों पर व्याप्त करे।। 10 । ।
'देवसभा' से (1920 ई. अनुमानित)

माखनलाल चतुर्वेदी 'एक भारतीय आत्मा'

मुझे तोड़ लेना बनमाली! उस पथ पर देना तुम फेंक,
मातृभूमि पर शीश चढ़ाने जिस पथ जावें वीर अनेक।

माखनलाल चतुर्वेदी के पितामह पं. रामनारायण चतुर्वेदी के सात पुत्र थे। उनके छठे पुत्र पं. नंदलाल चतुर्वेदी के प्रथम पुत्र थे-पं. माखनलाल चतुर्वेदी। उनकी माता का नाम सुकरा बाई था। उन्होंने अपने चाचा पं. वंशीधर चतुर्वेदी से संस्कृत का ज्ञान प्राप्त किया था। इनके पूर्वज राजस्थान के जयपुर राज्य में रहते थे और कालांतर में वे लोग मध्यप्रदेश के बाबई गाँव में आ बसे थे, जो होशंगाबाद से 14 कि.मी. पूरब में स्थित है। यहीं पर 4 अप्रैल, 1889 में कवि माखनलाल का जन्म हुआ था। कवि की जन्मभूमि के आसपास प्रकृति की मनोरम छटा विद्यमान थी। विन्ध्याचल और सतपुड़ा पर्वत श्रेणियों के मध्य बहती हुई कल-कल निनादिनी रेवा (नर्मदा) की निर्मल जलराशि किसे नहीं आकर्षित कर लेती। माखनलाल जो बचपन से कवि-हृदय थे, उनके लिए तो यह रमणीयता विशेष मोहक थी। यही कारण है कि कवि का नाता इस जन्मभूमि से बचपन का नाता ही रहा पर प्रकृति उसकी कविता पर जीवन भर छायी रही। उनके जीवन का अधिकांश भाग खंडवा में व्यतीत हुआ।

1902 ई. में 14 वर्ष की अल्प आयु में उनकी शादी हो गयी। उनकी पत्नी का नाम ग्यारसी बाई था। उनका परस्पर सम्बन्ध मधुर था, पर 1915 में उनकी मृत्यु हो गयी।

29 वर्ष की आयु से लेकर अंत तक माखनलाल जी विधुर के रूप में ही रहे। उनकी पढ़ाई संस्कृत पाठशाला की ही पढ़ाई थी। पर वे संस्कृत-हिन्दी के अच्छे. पंडित थे। खंडवा में उन्हें दस रु. मासिक की मास्टरी मिल गयी और कुछ ट्यूशन कर लेते थे। बाद में पत्रकारिता की ओर झुकाव होने पर खंडवा से निकलने वाले 'कर्मवीर' नामक पत्र में श्री माधवराव सप्रे ने उन्हें अपना सहसपादक बनाया। मध्यप्रदेश से 'सरस्वती' की टक्कर की 'प्रभा' नामक पत्रिकां अपने संपादन में उन्होंने निकाली, पर वह अल्प काल में ही बंद हो गयी। बम्बई में कुछ दिन उनका निवास हुआ और वहाँ उन्होंने अध्यापन किया, पर थोड़े ही समय में त्यागपत्र दे दिया और फिर जीवन भर नौकरी नहीं की।

माखनलाल जी अपने प्रकृत नाम के अतिरिक्त अन्य बहुत से छद्म नामों से कविताएँ लिखा करते थे, जिनमें से सर्वाधिक प्रसिद्ध नाम हुआ 'एक भारतीय

आत्मा'। पत्रकारिता के क्षेत्र में उनका योगदान उतना ही सराहनीय है, जितना कविता के क्षेत्र में। उनका राजनीतिक सपंर्क क्रान्तिकारियों से प्रारंभ हुआ। उनकी वे सहज सहायता किया करते थे। बाल-लाल-पाल का त्रिगुट उनका आदर्श था। वे गांधी के संपर्क में आये थे और महात्मा जी उनसे इतने प्रभावित थे कि कवि की जन्मभूमि का दर्शन करने उनके गाँव गये थे। राजनीति के क्षेत्र में न केवल अपने ओजस्वी लेखन से अपितु आन्दोलनों और सत्याग्रहों में भाग लेकर भी उन्होंने अपनी सहभागिता दर्ज की थी। 1921 में महात्मा जी द्वारा प्रारंभ सत्याग्रह आन्दोलन में वे पहली बार जेल गये। दुबारा 1930 ई. में बैतुल में जंगल सत्याग्रह में भाग लेने के कारण उन्हें एक वर्ष का सश्रम कारावास झेलना पड़ा। 1942 ई. के 'भारत छोड़ो' आन्दोलन में उनका सक्रिय नेतृत्व था, पर उसमें जेल न जाकर उन्होंने भूमिगत रहकर आन्दोलन को हवा देने का काम किया।

1936 ई. में मध्यप्रदेश की संसदीय समिति के अध्यक्ष चुने गये और 1939 की प्रसिद्ध त्रिचुरी कांग्रेस की स्वागत समिति के वे निर्वाचित उपाध्यक्ष थे। इस प्रकार सक्रिय राजनीति और क्रान्तिकारी पत्रकारिता के अग्निपथ पर चलते हुए माखनलाल जी ने अपनी सर्जनात्मक ऊर्जा को अक्षय बनाये रखा। उन्होंने एक हाथ में क्रान्ति की मशाल और दूसरे हाथ में वीणापाणि की प्रतिमा को सँभाले रखा। फलत: साहित्य के क्षेत्र में भी उन्हें वरणीय उपलब्धियाँ प्राप्त हुईं। वे 1943 ई. में अखिल भारतीय हिन्दी साहित्य सम्मेलन के हरिद्वार अधिवेशन के अध्यक्ष चुने गये। उनकी रचना 'हिमकिरीटिनी' पर देव पुरस्कार तथा 'हिमतरंगिनी' पर 1954 ई. में साहित्य अकादमी पुरस्कार मिला। वे पहले व्यक्ति हैं, जिसे इस पुरस्कार से सम्मानित किया गया। 1959 ई. में सागर विश्वविद्यालय ने उन्हें डी. लिट् की मानद उपाधि प्रदान की और भारत सरकार ने 1963 ई. में 'पद्मभूषण' का अलंकरण प्रदान किया। पर इस राष्ट्रप्रेमी मानी रचनाकार ने 1967 ई. में राष्ट्रभाषा के प्रश्न पर शासन की नीति के विरोध में 'पद्मभूषण' अलंकरण लौटा दिया। इस महान राष्ट्रभक्त, कवि और पत्रकार का निधन 30 जनवरी 1968 ई. में हो गया।

रचनाएँ : माखनलाल चतुर्वेदी की प्रमुख रचनाएँ निम्नांकित हैं :

कृष्णार्जुन-युद्ध (नाटक), 1918 ई., हिमकिरटिनी (कविता), 1943 ई., साहित्य- देवता (निबंध), 1943 ई., हिमतरंगिनी (कविता), 1949 ई., माता (कविता), 1951 ई., कला का अनुवाद (कहानी), 1954 ई., समर्पण (कविता) 1956 ई., युगचरण (कविता), 1956 ई., अमीर इरादे : गरीब इरादे (निबंध), 1960 ई., आधुनिक कवि भाग-6 (कविता), 1960 ई., समय के पाँव (निबंध), 1962

ई., बीजुरी काजल आँज रही (कविता), 1962 ई., मरणज्वार (कविता), 1963 ई., वेणु लो गूँजे धरा (कविता), 1963 ई., चिन्तक की लाचारी (भाषण), 1965 ई., माखनलाल चतुर्वेदी रचनावली (10 भाग), 1983।

कविता की धारा : माखनलाल चतुर्वेदी एक नैसर्गिक प्रतिभा के धनी राष्ट्रीय कवि हैं। उनकी कविता में केवल ललकार और धधकते शोले नहीं हैं, अपितु उनमें हृदय को छू सकने वाली अन्तर की अनुभूति है। यही कारण है कि राष्ट्रीय धारा के कवियों में मैथिलीशरण गुप्त की भाँति माखनलाल की कविता का अक्षुण्ण और चिरंतन महत्त्व है। उनकी कविताओं में स्वानुभूत अन्तर की वेदना का मधुपर्क हमें मिलता रहता है।

प्रकृति-प्रेम : माखनलाल प्रकृति के पुजारी हैं। रेवा नदी के तट और विंध्य-सतपुड़ा की पर्वतमालाओं की गोद में पलने वाला यह कवि अपनी आँखों से प्रकृति के अनलंकृत और निराडंबर सौन्दर्य को निरखता रहा है और उसी सहजता से उन चित्रों को भी सहज सधी भाषा में कह डालता है। 'आ गये ऋतुराज' में वसंत का कैसा सहज रूप बड़ी ही सहज भाषा में रूपायित है :

गेहुँओं के गर्व पर सरसों उठी है झूम,
प्रकृति के सुकपोल रवि किरणें रही हैं चूम,
आज ताण्डव पर बजे रस रूप राग धमार,
और उस पर हो गुलाबी रंग की बौछार,
कौन सी धुन तुम कसक में गा गये ऋतुराज।
आ गये ऋतुराज!

वसंत ऋतु बंधन और प्रतिबंधों को तोड़ डालती है। मर्यादाओं को शिथिल और अतिक्रमित कर देती है। इसलिए कवि उसे 'वसंत मनमाना' कहता है और उसके क्रियाकलापों का एक शब्द-चित्र प्रस्तुत करता है :

पर्वत की घाटी के पीछे लुका-छिपी का खेल,
खेल रहा है वायु शीश पर सारी दुनिया झेल।
छोटे-छोटे खरगोशों से उठा-उठा सिर बादल,
किसको पल-पल झाँक रहे हैं आसमान में पागल?
ये कि पवन पर, पवन कि इन पर फेंक नजर की डोरी,
खींच रहे हैं कितना मन ये दोनों चोरी-चोरी?
फैल गया है पर्वत-शिखरों पर बसंत मस्ताना।
पत्ती, कली, फूल, डालों में दीख रहा मस्ताना।

कवि को वसंत से अधिक प्रिय ऋतु वर्षा है। वे बादल, बौछार, फुहार, रिमझिम, बिजली आदि का वर्णन भी कविता में करते हैं और इनके प्रतीकों से अपनी अन्य बातें भी बराबर कहते रहते हैं। वर्षा वर्णन में भी वही सहजता हमें मिलती है :

ये आये बादल झूम उठे,
ये हवा के झोंके झूम उठे,
बिजली की चमचम पर चढ़कर
गीले मोती भू चूम उठे।

वे 'बीजुरी काजल आँज रही' कविता में बादल को संबोधित करके बड़े अपनापन से उसे पुकारते है :

तुम चुप चुप आ जाना साथी
आँखों में मनसूबे भरकर
प्राणों को सहलाना साथी।
तुम ढोलक की थापों पर उठ
रोज कजरियाँ गाना साथी।

वे प्रभात और संध्या के मोहक सौन्दर्य को भी अपनी कविता में उतारते हैं। प्रभात कवियों का प्रायः प्रिय विषय होता है पर साँझ की सुषमा को पारखी आँखें ही निहार पाती हैं। 'निराला' ने 'संध्या-सुन्दरी का मानवी रूप खींचा, पर माखनलाल चतुर्वेदी उसे देखकर एक रहस्यमय जिज्ञासा से आकुल होकर प्रश्न करते हैं :

साँझ आयी तो गगन के पंखवाले गीत
क्यों चुप हो गये?
साँझ आयी, वे हृदय के दोष वाले मीत
क्यों चुप हो गये?
सूर्य के प्रभ-नवल-रथ की दौड़ के वे चित्र फीके पड़ चले,
भूमि के अहरह सभी चलते हुए वरदान
क्यों चुप हो गये?

कवि प्रकृति का सहचर है। वह उसके विविध रूपों को भंगिमा अपनी निराली शैली में व्यक्त करने की कला में सिद्धहस्त है।

प्रेम-व्यंजना : प्रकृति का परम पुजारी यह कवि मानवीय प्रेम का भी चतुर चितेरा है। माखनलाल का अपनी बाल विवाहिता पत्नी के प्रति अपार अनुराग था। उनकी जोड़ी सुखी और तृप्त थी। अभावों और झंझावातों में भी प्रिया का साहचर्य कवि का संबल था। 29 वर्ष की कच्ची उम्र में प्रिया का निधन हो गया और उन्होंने

फिर दूसरा विवाह नहीं किया, पर प्रिया-प्रेम की कसक उनमें बनी रही। 'जोड़ी टूट गयी' कविता में वे कहते हैं :

तरुणाई के प्रथम चरण में जोड़ी टूट गयी,
फूली हुई रात की रानी, प्रातः रूठ गयी।
गंध बनीं, साँसों भर आयी,
छंद बनी, फूलों पर छायी,
बन आनन्द धूलि पर बिखरी
यौवन के, तुतलाते वैभव, संध्या लूट गयी।
फूलों भरी रात की रानी सहसा रूठ गयी।

कवि में विरह की एक टीस है, वेदना है। यह वेदना उनकी राष्ट्रीय कविताओं के बीच-बीच में भी झाँकती हुई दिख जाती है। वे 'नव स्वागत' में कहते हैं :

मंद पवन संदेश दे रहा
हृदय-कली पथ हेर रही
उड़ी मधुप, नंदन की दिशि में
ज्वालाएँ घर घेर रहीं।

उनकी प्रेम कविताओं के सम्बन्ध में प्रभाकर माचवे ने लिखा है : 'माखनलाल जी की प्रेम कविताएँ अनेक रंगों के डोरों से गुँथी बनी हैं।... उनमें निराला का उत्कट प्रणय निवेदन नहीं है। माखनलाल का प्रेम अनुभूत है। परंतु प्रतिक्षण वह अनुभूति की सीमा पहचानता है, प्रसाद की तरह वह बौद्धिक नहीं हो जाता। न परवर्ती प्रगतिवादी कवियों की तरह एकदम स्थूल और यथार्थवादी। माखनलाल की प्रेम-कविता में बालकृष्ण शर्मा 'नवीन' जैसा उत्तान प्रणय निवेदन भी नहीं है और न महोदेवी जैसी कोमल अमूर्तता। उनकी प्रेम कविता अपने ढंग की अकेली कविता है। उनका स्वर जिन्होंने अनुकरण करने की कोशिश की, वे हार गये या चूक गये।' उनके काव्य में प्रेम की वह अनाविल धारा है, जिसमें सहृदय पाठक का मन सराबोर हो जाता है, क्योंकि उनकी कथन-भंगी साफ़बयानी की शैली में आत्मीयतापूर्ण होती है।

राष्ट्रीय कविता : राष्ट्रीय स्वाधीनता के महायज्ञ के वे प्रत्यक्ष नायकों में थे। महात्मा गांधी, सरदार पटेल, नेहरू, विनोबा आदि के साथ आन्दोलनों और जेलों में उनका निकट का सम्पर्क रहा। सच पूछा जाय तो स्वयं वे उसी कोटि के राष्ट्रनायकों की पंक्ति के एक अजेय और अडिग सेनानी थे, जिन्होंने झंझावातों को सहा और आह के बदले अपनी वाणी में राष्ट्र को वह अमर संदेश प्रदान किया, जिससे आने वाली पीढियाँ भी प्रेरणा लेती रहेंगी। उनकी मनोव्यथा और उनकी तड़पन को वही

समझ सकता है, जो जननी जन्मभूमि के लिए वैसा ही समर्पित अन्त:करण लेकर पैदा हुआ हो। उनको इस पावन मातृभूमि पर बलिदान होने की चाह थी, उन्हें कुर्सी या पद की कोई कामना नहीं थी। 1922 में उन्होंने लिखा था :

चाह नहीं मैं सुरबाला के
गहनों में गूँथा जाऊँ।
चाह नहीं, प्रेमी-माला में
बिंध प्यारी को ललचाऊँ।
चाह नहीं, सम्राटों के शव
पर, हे हरि डाला जाऊँ।
चाह नहीं, देवों के सिर पर
चढ़ूँ, भाग्य पर इठलाऊँ।
मुझे तोड़ लेना बनमाली! उस पथ पर देना तुम फेंक,
मातृभूमि पर शीश चढ़ाने जिस पथ जावें वीर अनेक।

माखनलाल चतुर्वेदी का कवि कहीं गहरे घाव करता है। उनमें राष्ट्रीय धारा के कवियों की बनावटी ललकार और जोशीली भाषा के बदले कुछ तात्त्विक चिन्तन हैं। एक प्रकार से उनकी राष्ट्रीय कविताओं की एक भारी खेप बलि पथ के दर्शन का निरूपण करती हैं। बलिपंथी अपने पथ पर प्रयाण हेतु विदा लेता है तो वह जाते-जाते अपने देश और वहाँ के युवाओं से कुछ कहता भी जाता है। माखनलाल के शब्दों में :

1. जहाँ युवक श्रृंगार- प्रिय हों,
2. जहाँ युवक की ढीली बाँहें,
3. हुंकारो से बदल-बदल कर,
4. कवि ले रहा प्रणय की आहें।
जीने की गुलाम चाहों ने
जहाँ मरण का मूल्य बिगाड़ा।
बलि की रानी यहाँ पढ़े?
कैसे अपना अस्तित्व पहाड़ा! (विदा, 'माता' सग्रह)

वे 'युगतरुण' कविता में युवकों से कहते हैं :

जो ओठों फड़क उट्ठा, नेत्र छाया
बरसकर गाल पर जो तमतमाया,
पिस उट्ठे दाँत, मुट्ठी बंध उठी, बस

सदा मैंने उसी का गीता गाया।

('हिमकिरीटिनी' संग्रह)

मातृभूमि पराधीन है। एक ओर उसकी स्वाधीनता की लड़ाई में सिर कटाने वाले खड़े हैं, पर दूसरी ओर अंग्रेज़ प्रभुओं के गुणगान करके प्राणदान पाने वाले असंख्य थे। कवियों और बुद्धिजीवियों में तो इस प्रकार के लोगों की बहुतायत होती है। पर यह कवि तो बलिपंथियों को ललकारने वाला चारण नहीं है, यह तो स्वयं बलिपंथी है। अंगारों का रास्ता स्वयं चुना है और उसी रास्ते पर चलकर उसे संतोष मिलता है :

तूने देखा
प्राण-दान तो
अपमानों की खैरातें हैं।
कवि के लिए-
अँधेरा दिन है,
और
कालिमा की रातें हैं।
तब तूने
जाना कवि होना
एकाकी उन्मादी जीवन।
और
चल पड़ा मरण-पंथ पर
लेकर अपना एकाकीपन?
आ, तेरे
इन बलिदानों पर
थोड़ा चंदन
चर्चित कर दूँ।
तेरे जी के घावों को आ,
युग के तरुण रुधिर से
भर दूँ।
आ, तेरी जीवित मौतों को,
जीने का त्योहार बना दूँ;
सूझों के मंदिर के गायक,
तेरी कीर्ति-रागिनी गा दूँ।

(निराला, 'माता' संग्रह से)

उपर्युक्त कविता में कवि स्वयं भी बलिपंथी कवि है और बलिपंथियों की रागिनी गाने वाला उनका कवि चारण भी है। कवि बलिदानियों अथवा नेताओं की जोशीली ललकारों से भावुक नहीं हो उठा है, बल्कि स्वयं उसके सामने एक उद्देश्य है, एक सिद्धान्त है और उसी के लिए यह बलिदान भी है। उसका लक्ष्य है :

अमर राष्ट्र, उद्दंड राष्ट्र, उन्मुक्त राष्ट्र!
यह मेरी बोली!
यह सुधार-समझौतों वाली
मुझको भाती नहीं ठिठोली।
(अमर राष्ट्र)

और इस लक्ष्य के लिए उनका मार्ग सूली का पथ है :

सूली का पथ ही सीखा हूँ,
सुविधा सदा बचाता आया,
मै बलिपथ का अंगारा हूँ,
जीवन-ज्वाल जलाता आया।
(अमर राष्ट्र)

इस दर्शन में 'राष्ट्र देवो भव' की भावना से कवि इस राष्ट्र को ही एकमात्र देवता मानता है। न मंदिर के पाषाणों से उसे कुछ लेना है और न गंगाजल से। यदि ये राष्ट्र देवता के मार्ग के साधक हैं तो स्वीकार हैं, यदि बाधक हैं तो वे अस्वीकार हैं। उन्हें तो मंदिर, मस्जिद, गुरुद्वारा सभी पराधीन और स्वतंत्रता के दीवानों के साथ जेलों में बंद दीखते थे :

हो मुकुट हिमालय पहनाता,
सागर जिसके पद धुलवाता,
यह बँधा बेड़ियों में मंदिर,
मस्जिद, गुरुद्वारा मेरा है।
क्या कहा कि यह घर मेरा है।

राष्ट्रीय काव्य की इस धारा में कवि ने राष्ट्र के महान नायकों का प्रशस्ति-गायन भी किया। गांधी, विनोबा, जवाहर से लेकर बाल, लाल, पाल तक उसने अपनी लेखनी चलायी। पर इन प्रशस्ति- गायनों में भी कवि राष्ट्र को उद्बोधन ही करता है। तिलक जी पर लिखी कविता में तिलक का प्रचण्ड राष्ट्रवादी व्यक्तित्व तो रूपायित ही हुआ है, साथ ही एक राष्ट्रीय आह्वान की अनुगूँज भी साकार हो उठी है :

कश्मीर-कुमारी सुनते थे
"भारत मेरा अविभाज्य रहे,"
"धन-वैभव की, सुख-साधन की
धुन, जीवन में सब त्याज्य रहे।"
"बलि होने की परवाह नहीं
मैं हूँ, कष्टों का राज्य रहे,
मैं जीता, जीता, जीता हूँ,
माता के हाथ स्वराज्य रहे।"

वे अपनी कविता में राष्ट्रीय आन्दोलन का समूचा इतिहास समेटे हुए हैं। 'मरण-त्यौहार' में अंग्रेजों के संधि-प्रस्ताव पर कि वे धीरे-धीरे स्थानीय स्वायत्त शासन आदि देते-देते स्वतंत्रता दे देंगे, पर 'नेहरू-रिपोर्ट' जो आनन्द भवन में बनी थी, उसमें क्या कहा गया, पूना में तिलक के केसरी दल की क्या प्रतिक्रिया थी और पांडिचेरी में बैठे योगी अरविन्द (पहले जो बंगदेश के क्रान्तिकारी थे) ने क्या कहा, आदि बातों का गूढ़ार्थ छिपा है :

'संधि का संदेश' भेजा है यहाँ,
पूछकर 'किसके कलेजा है यहाँ?'
'राजपथ की गालियाँ हमने सहीं'
प्रार्थनाएँ, पुस्तकें रचकर कहीं,
श्रेष्ठ है वह विपिन है अपना अहा!
बध गजेन्द्रों का नहीं होता जहाँ!
है रिपोर्टों में कलेजा छप रहा
देश के 'आनन्द-भवनों' ने कहा।
देश का स्वातंत्र्य गर्वित था जहाँ
पुण्यपुर के केसरी-दल ने कहा '
है हमें निर्वासनों में हरि मिला,
और तप करते विजय का वर मिला।
तप करो, गड़बड़ करो मत! तप करो!
शान्ति में मत क्रान्ति का आतप करो।'
बंगयुग से कोटि सिर झुकते जहाँ
भूल पथ, उस पांडिचेरी ने कहा-
ले कृषक संदेश, कर बलि-वंदना

ध्वज तिरंगे की करो सब अर्चना,
घूमता चरखा लिये गिरि पर चढ़ो,
ले अहिंसा-शस्त्र आगे ही बढ़ो।

'सिपाही' शीर्षक कविता में भी, जो 1924 ई. की रचना है, उस समय के नरम और गरम दल की विचारधारा की ध्वनियाँ गूंज रही हैं। सिपाही का रूप ऐसा है :

सिर पर प्रनय, नेत्र में मस्ती,
मुट्ठी में मनचाही,
लक्ष्य मात्र मेरा प्रियतम है,
मै हूँ एक सिपाही।

वह चाहता है कि यदि रामराज्य लाना है तो पहले भू पर त्रेता जैसा युग लाना होगा और राम जैसे रावण का दश सिर छेदकर 'राष्ट्र-विजेता' बने थे, वैसा ही 'राष्ट्र-विजेता' उस रामराज्य के संदेश वाहक को बनना होगा। यदि वह क्रान्तिकारियों की सेना को छिन्न-भिन्न कर उनके प्रयत्नों को धूमिल करेगा, तो सिपाही उसे नहीं पूज सकता :

सेना छिन्न, प्रयत्न खिन्न कर,
लाये न्योत तबाही,
कैसे पूजूँ गुमराही को,
मै हूँ एक सिपाही!

बिहार प्रदेश के अमर बलिदानी हरदेव नारायण सिंह झंडा सत्याग्रह में 1923 ई. में नागपुर जेल में थे और वहीं उनका प्राण विसर्जन हुआ। पटेल और माखनलाल ने उनकी अर्थी को कंधा दिया था। उन पर लिखी कविता 'राष्ट्रीय झंडे की भेंट' बलिदानियों की अमर कहानी कहती है। केवल हरदेव नहीं, हर बलिदानी सपूत कहता था :

माँ, रोवो मत, शीघ्र लौट
घर आऊँगा, प्रस्थान करूँ।
बाबा दो आशीष, पताका
पर सब कुछ कुरबान करूँ।

इन सब राष्ट्रीय प्रसंगों, उमंगों, उद्‌बोधनों और स्तवनों के साथ उनकी कैदी जीवन की अनुभवजन्य व्यथा व्यक्त करने वाली कविताएँ अपना विशेष महत्त्व रखती हैं। 1921 ई. में लिखी उनकी 'जेल चल' कविता में उस तूफानी जवानी की तरंग का हमें बोध होता है, जिसने जेल को खेल बनाया था और कठोर यातनाओं

को सहनीय बना दिया था :

होवे बीमार भले, हँस के मार खाना तू।
मेरी आजादी की धूनी, वहीं रमाना तू।
पहने जंजीर वहीं, कृष्ण को रिझाना तू।
माँगे जालिम तो खुशी से ये सर चढ़ाना तू।
भारत के सत पर, 'मोहन' के मत पर, जीवन के व्रत पर,
ठेल चल भाई, जेल चल, जेल चल, जेल चल भाई।

कवि ने 1921 ई. में प्रथम बार जेल-यात्रा की, पर वह 1918 ई. में ही अपनी नियति पहचान चुका था और वह शासक अंग्रेज़ों और अपने जैसे स्वतंत्रता-सैनिकों के विरोधाभास को लक्षित कर चुका था :

तुम्हें दिवाली और दिवाला मेरे बाँटे,
तुम्हें डालियाँ और मुझे मिलते हैं काँटे,
नंदन तेरे हाथ, नहीं है मरु भी मेरा,
बंगले तुझे नसीब, जेल में मेरा डेरा।

इतने पर भी कैद में, जो मैं इतराने लगूँ।
क्यों न भला श्रीचरण की मृदु ठोकर खाने लगूँ।।

जेल-जीवन की यातना का जैसा जीवंत और भावप्रवण चित्र कवि की ऐतिहासिक कविता 'कैदी और कोकिला' में मिलता है वह समूचे हिन्दी साहित्य की अमूल्य थाती है। इसमें कवि रात्रि की नीरवता में कोयल की कूक सुनकर उससे पूछता है कि तुम इस समय क्यों गाती हो? फिर वे एक-एक बंद में उसके बोलने के कल्पनाप्रसूत कारण प्रस्तुत करते हुए अपने जेल की अनुभूतियों को रसमय ढंग से गा जाते हैं :

बंदी सोते हैं, है घर-घर श्वासों का
दिन के दुख का रोना है निश्वासों का,
अपना स्वर है लोहे के दरवाजों का,
बूटों का या सन्त्री का आवाजों का,
मेरे आँसू की मधुर भरी जब प्याली,
बेसुरा! मधुर क्यों गाने आयी आली।
क्या? देख न सकती जंजीरों का गहना?
हथकड़ियाँ क्यों? यह ब्रिटिश राज का गहना,

कोल्हू का चर्रक चूँ? जीवन की तान,
गिट्टी पर अंगुलियों ने लिक्खे गान?

इस शांत समय में,
अंधकार को बेध रो रही क्यों हो?
कोकिल बोलो तो!
चुपचाप, मधुर विद्रोह बीज
इस भाँति बो रही क्यों हो?
कोकिल बोलो तो!

इस लम्बी कविता में कैदी कवि की इन्द्रधनुषी अनुभूतियों और उसकी स्वातंत्र्यकामी अडिग निष्ठा के विविधविध वितान तनते दीख पड़ते हैं।

माखनलाल की राष्ट्रीय कविता में पक्षधरता नहीं है। वे गांधी- भक्त थे पर क्रान्तिकारियों के प्रशंसक थे। वे बाल-लाल पाल के गरम विचारों को भी महत्त्व देते थे और स्वदेशी और चरखे के साथ अहिंसक सत्याग्रह के अनुयायी थे। स्वतंत्रता के पश्चात् जब चीन ने भारत पर आक्रमण कर दिया तो पुन: कवि ने जवानी को ललकारा था :

हिमगिरि मुकुट कहाता, अपने अरे, मुकुट पर वार सहोगे,
गंगा-जमना माँग रही हैं बलियाँ, क्या इनकार करोगे?
उठो, भुजाओं में अर्जुन का रक्त खौलने दो ऐ मानी।
बल की, बलि की धाराओं का संगम बन जाओ सेनानी।

आज़ाद भारत की कल्पना जो स्वतंत्रता सेनानियों के मन में थी, वह टूट गयी। 1956 ई. की 'बापू का बरस दिन' कविता में वे लिखते हैं :

वे उजड़ गयीं कुंजें सेवाग्रामों की सूखी पहचानें,
हम आ जाते हैं कुटिया तक अब भी कुछ जाने-बेजाने।
अब तो मरने की यादों का तीरथ है केवल राजघाट।
तकली, चरखा, हरिजन, हिन्दी, छूटा भ्रम, टूटा ठाट-बाट,
हम राजा हैं, हम रानी हैं, दुखियों के मरने की खबरें-
पाते, वक्तव्य छपाते हैं, व्याकुल होता है राजघाट!
अब तप के लिए विनोबा है
अपने तो पद है, सेवा है
तो भी पथ के भयभीतों सा बापू को कर नित दूर-दूर

अपना सम्मान बढ़ाता है

हर बरस बरस दिन आता है।

इस प्रकार कविवर माखनलाल चतुर्वेदी हिन्दी के आधुनिक काल के कवियों में राष्ट्रीय कविता में एक साथ क्रान्ति का बिगुल और वेदना की वंशी-ध्वनि निःसृत कर सकने वाले अमर रचनाकार हैं। वे अपने ढंग के अकेले ही राष्ट्रीय कवि हैं- अतुलनीय, बेजोड़, बेलौस तथा बेलाग।

कैदी और कोकिला

क्या गाती हो?
क्यों रह रह जाती हो?
कोकिल बोलो तो!
क्या लाती हो?
सन्देशा किसका है?
कोकिल बोलो तो!

ऊँची काली दीवारों के घेरे में,
डाकू, चोरों, बटमारों के डेरे में,
जीने को देते नहीं पेट भर खाना,
मरने भी देते नहीं, तड़प रह जाना!
जीवन पर अब दिन-रात कड़ा पहरा है,
शासन है, या तम का प्रभाव गहरा है?
हिमकर निराश कर चला, रात भी काली,
इस समय कालिमामयी जगी क्यूँ आली?

क्यों हूक पड़ी?
वेदना-बोझ वाली-सी;
कोकिल बोलो तो!
क्या लुटा?
मृदुल वैभव की रखवाली-सी,
कोकिल बोलो तो!

बन्दी सोते हैं, है घर-घर श्वासों का,
दिन के दुख का रोना है निश्वासों का,
अथवा स्वर है लोहे के दरवाजों का,
बूटों का, या सन्त्री की आवाजों का,
या गिननेवाले करते हाहाकार।
सारी रातों है- एक, दो, तीन, चार
मेरी आँसू की भरी उभय जब प्याली,
बेसुरा! मधुर क्यों गाने आयी आली?

क्या हुई बावली?
अर्द्ध रात्रि को चीखी,
कोकिल बोलो तो!
किस दावानल की
ज्वालाएँ हैं दीखीं?
कोकिल बोलो तो!

निज मधुराई को कारागृह पर छाने,
जी के घावों पर तरलामृत बरसाने,
या वायु-विटप-वल्लरी चीर, हठ ठाने
दीवार चीरकर अपना स्वर अजमाने,
या लेने आयी इन आँखों का पानी?
नभ के ये दीप बुझाने की है ठानी!
खा अन्धकार करते वे जग रखवाली
क्या उनकी शोभा तुझे न भाई आली?
तुम रवि-किरणों से खेल,
जगत् को रोज जगाने वाली,
कोकिल बोलो तो!
क्यों अर्द्ध रात्रि में विश्व
जगाने आयी हो? मतवाली
कोकिल बोले तो!
दूबों के आँसू धोती रवि-किरनों पर,

मोती बिखराती विन्ध्या के झरनों पर,
ऊँचे उठने के व्रतधारी इस वन पर,
ब्रह्मांड कँपाती उस उद्दंड पवन पर,
तेरे मीठे गीतों का पूरा लेखा
मैंने प्रकाश में लिखा सजीला देखा।

तब सर्वनाश करती क्यों हो,
तुम, जाने या बेजाने?
कोकिल बोलो तो!
क्यों तमोपत्र पर विवश हुई
लिखने चमकीली तानें?
कोकिल बोलो तो!

क्या?-देख न सकती जंजीरों का गहना?
हथकड़ियाँ क्यों? यह ब्रिटिश राज का गहना,
कोल्हू का चर्रक चूँ?-जीवन की तान,
गिट्टी पर अंगुलियों ने लिक्खे गान?
हूँ मोट खींचता लगा पेट पर जूआ,
खाली करता हूँ ब्रिटिश अकड़ का कूँआ।
दिन में करुणा क्यों जगे, रुलाने वाली,
इसलिए रात में गजब ढा रही आली?

इस शान्त समय में,
अन्धकार को बेध, रो रही क्यों हो?
कोकिल बोलो तो!
चुपचाप, मधुर विद्रोह-बीज
इस भाँति बो रही क्यों हो?
कोकिल बोलो तो!
काली तू, रजनी भी काली,
शासन की करनी भी काली,
काली लहर कल्पना काली,

मेरी काल-कोठरी काली,
टोपी काली कमली काली,
मेरी लोह-श्रृंखला काली,
पहरे की हुंकृति की व्याली,
तिस पर है गाली, ऐ आली!

इस काले संकट-सागर पर
मरने को, मदमाती!
कोकिल बोलो तो!
अपने चमकीले गीतों को
क्योंकर हो तैराती!
कोकिल बोलो तो!
तेरे 'माँगे हुए' न बैना,
री, तू नहीं बन्दिनी मैना,
न तू स्वर्ण-पिंजड़े की पाली,
तुझे न दाख खिलाये आली! तोता नही; नहीं तू तूती,
तू स्वतन्त्र, बलि की गति कूंती
तब तू रण का ही प्रसाद है,
तेरा स्वर बस शंखनाद है।

दीवारों के उस पार!
या कि इस पार दे रही गूँजें?
हृदय टटोलो तो!
त्याग शुक्लता,
तुझ काली को, आर्य- भारती पूजे,
कोकिल बोलो तो!

तुझे मिली हरियाली डाली,
मुझे नसीब कोठरी काली!
तेरा नभ भर में संचार,
मेरा दस फुट का संसार!

तेरे गीत कहावें वाह, रोना भी है मुझे गुनाह!
देख विषमता तेरी-मेरी,
बजा रही तिस पर रण-भेरी!

इस हुंकृति पर,
अपनी कृति से और कहो क्या कर दूँ?
कोकिल बोलो तो!
मोहन के व्रत पर,
प्राणों का आसव किसमें भर दूँ!
कोकिल बोलो तो!
फिर कुहू! ... अरे क्या बन्द न होगा गाना?
इस अंधकार में मधुराई दफनाना?
नभ सीख चुका है कमजोरों को खाना,
क्यों बना रही अपने को उसका दाना?
फिर भी करुणा-गाहक बन्दी सोते हैं,
स्वप्नों में स्मृतियों की श्वासें धोते हैं!
इन लौह-सीखचों की कठोर पाशों में
क्या भर दोगी? बोलो, निद्रित लाशों में?
क्या? घुस जायेगा रुदन
तुम्हारा निःश्वासों के द्वारा,
कोकिल बोलो तो!
और सवेरे हो जायेगा
उलट-पुलट जग सारा,
कोकिल बोलो तो!

'हिमकिरीटिनी' से, रचनाकाल 1930 ई.
जबलपुर सेन्ट्रल जेल में

अमर राष्ट्र

छोड़ चले, ले तेरी कुटिया,
यह लुटिया-डोरी ले अपनी,
फिर वह पापड़ नहीं बेलने,
फिर वह माला पड़े न जपनी।

यह जाग्रति तेरी तू ले-ले,
मुझको मेरा दे-दे सपना,
तेरे शीतल सिंहासन से
सुखकर सौ युग ज्वाला तपना।

सूली का पथ ही सीखा हूँ,
सुविधा सदा बचाता आया,
मैं बलि-पथ का अंगारा हूँ,
जीवन -ज्वाल जलाता आया।

एक फूँक, मेरा अभिमत है,
फूँक चलूँ जिससे नभ-जल-थल,
मैं तो हूँ बलि- धारा-पन्थी,
फेंक चुका कब का गंगाजल।

इस चढ़ाव पर चढ़ न सकोगे,
इस उतार से जा न सकोगे,

तो तुम मरने को घर ढूँढ़ो,
जीवन-पथ अपना न सकोगे।

श्वेत केश?-भाई होने को
हैं ये श्वेत पुतलियाँ बाकी,
आया था इस घर एकाकी,
जाने दो मुझको एकाकी।

अपना कृपा-दान एकत्रित
कर लो, उससे जी बहला लें,
युग की होली माँग रही है,
लाओ उसमें आग लगा दें।

मत बोलो वे रस की बातें,
रस उसका जिसकी तरुणाई,
रस उसका जिसने सिर सौंपा,
आगी लगा भभूत रमायी।

जिस रस में कीड़े पडते हों,
उस रस पर विष हँस-हँस डालो;
आओ गले लगो, ऐ साजन!
रेतो तीर, कमान सँभालो।

हाय, राष्ट्र- मन्दिर में जाकर,
तुमने पत्थर का प्रभु खोजा!
लगे माँगने जाकर रक्षा
और स्वर्ण-रूपे का बोझा?

मैं यह चला पत्थरों पर चढ़,
मेरा दिलवर वहीं मिलेगा,
फूँक जला दें सोना-चाँदी,

तभी क्रान्ति का सुमन खिलेगा।

चट्टानें चिंघाड़े हँस-हँस,
सागर गरजे मस्ताना-सा
प्रलय-राग अपना भी उसमें,
गूँथ चलें ताना-बाना-सा।

बहुत हुई यह आँख मिचौनी,
तुम्हें मुबारक यह वैतरनी,
मैं साँसों के डाँड़ उठाकर,
पार चला, लेकर युग-तरनी।

मेरी आँखें, मातृ-भूमि से,
नक्षत्रों तक खींचें रेखा,
मेरी पलक-पलक पर गिरता
जग के उथल-पुथल का लेखा!

मैं पहला पत्थर मन्दिर का,
अनजाना पथ जान रहा हूँ,
गड़ूँ नींव में, अपने कन्धों पर
मन्दिर अनुमान रहा हूँ

मरण और सपनों में
होती है मेरे घर होड़ा-होड़ी,
किसकी यह मरजी-नामरजी
किसकी यह कौड़ी-दो कौड़ी?

अमर राष्ट्र, उद्दंड राष्ट्र, उन्मुक्त राष्ट्र
यह मेरी बोली
यह 'सुधार'-'समझौतों' वाली
मुझको भाती नहीं ठठोली।

मैन सहूँगा – मुकुट और
सिंहासन ने वह मूँछ मरोरी,
जाने दे, सिर, लेकर मुझको
ले सँभाल यह लोटा-डोरी!
'हिमकिरीटिनी' से, रचना-काल 1938 ई.

राष्ट्रीय झंडे की भेंट

माँ, रोवे मत, शीघ्र लौट
घर आऊँगा, प्रस्थान करूँ
बाबा दो आशीष, पताका
पर सब कुछ कुरबान करूँ।
लौटूँगा मैं देवि, हाथ में
विजय पताका लाऊँगा।
कष्ट-प्रवास जेल-जीवन की
तुमको कथा सुनाऊँगा!

दौड़ पड़ो वीरो, माता ने
संकट में की आज पुकार।
हार न होवे तेरे रहते
मेरी पावन भूमि बिहार।
ले झंडा चल पड़ा, प्राण
का मोह छोड़ वह तरुण युवा।
उसकी गति पर अहा!
देश के अमरों को भी क्षोभ हुआ।

सजा हुई, जंजीरें पहिनीं,
दुर्बल था, पर वार हुए,
गिट्टी, मोट, चक्कियाँ, कोल्हू
हँस-हँस कर स्वीकार हुए!

'मातृभूमि' मैं तेरी मूरत
देख सभी सह जाऊँगा।
दे लें दण्ड, आर्य-बालक हूँ,
मस्तक नहीं झुकाऊँगा।

कष्ट बढ़े, दुर्बल देही था
असहनीय व्यवहार हुआ,
कैदी शय्या पर पड़ने को
गिर पड़ कर लाचार हुआ,
सेनापति ने कहा, पताके!
अभी कौन बलिहार हुआ?
हुंकारा हरदेव, प्राण मैं-
दूँगा, लो तैयार हुआ।

"माफी ले लो, अभी समय है',
अरे न यों अपमान करो,
झण्डे पर चढने दो मुझको
मातृभूमि का ध्यान करो!
प्यारी माँ, मेरे बाबा
हरदेवा अन्तर्धान हुआ।

* श्री हरदेवनारायण सिंह बिहार के सत्याग्रही सन् 1923 के नागपुर झण्डा-सत्याग्रह में आये थे। जिस दिन अखिल भारतीय राष्ट्र समिति के प्रतिनिधि स्वर्गीय वल्लभ भाई पटेल नागपुर की एक सभा में कह रहे थे कि अभी तक झण्डे पर कोई मरा नहीं, उसी समय नागपुर जेल में हरदेव जी प्राण दे रहे थे। श्री वल्लभ भाई के, लेखक के, तथा अन्य देशभक्तों के काँधे पर झण्डों का कफ़न ओढ़े, श्री हरदेवनारायण जी की अर्थी सहस्रों की जनता के साथ निकली, और सुनहला इतिहास बना गयी।

रक्षक हा भगवान, प्रिये,
मैं झण्डे पर कुरबान हुआ!

जननि बिहार प्रणाम तुम्हें,

तेरे गौरव का गान रहे,
मातृभूमि! तेरे ध्वज की
मेरे प्राणों से शान रहे!
क्यों सहसा चल पड़ा?
ठहर, आ रही विजय तेरे द्वारे।
'कन्धे पर ले चलें' या कि
चल पड़ें पूज्य पथ में प्यारे।

'प्रभा' (कानपुर) में प्रकाशित ['माता' संग्रह में संकलित}, रचना, सितम्बर, 1923

बालकृष्ण शर्मा 'नवीन'

कम्पित कर से दीप सँभालो,
मत निरखो निज पग के छाले!
हारी-थकी अस्थियाँ लेकर,
बढ़ते जाओ, ओ धनवाले!!!

'नवीन' राष्ट्रीय काव्यधारा के अग्रणी कवियों में हैं। मैथिलीशरण गुप्त, माखनलाल चतुर्वेदी और दिनकर की साहित्यिक ऊर्जा की समकक्षता का सौभाग्य बालकृष्ण शर्मा 'नवीन' को प्राप्त हुआ था। मध्यप्रदेश के मयाना ग्राम (तहसील शुजालपुर) में इनका जन्म 4 दिसम्बर, 1893 ई. को हुआ था। नवीन जी के पूर्वज ग्वालियर ज़िले के गोरा नामक ग्राम में रहते थे। अकाल पड़ने के कारण वे मालवे में आकर बस गये। उनके पितामह दुलारे मेहता थे, जिनके दूसरे पुत्र जमनादास के पुत्र नवीन जी थे। जमनादास जी नाथद्वारा के प्रसिद्ध श्रीनाथ जी के मंदिर में 'पेटी पर' सेवक के रूप में कार्य करते थे। कवि के बाल मन पर उस प्रसिद्ध वैष्णव तीर्थ की सात्विकता, धार्मिकता, सदाशयता और सहिष्णुता का बड़ा प्रभाव पड़ा था। जीवन भर वे आहार-विहार से लेकर आचार-विचार तक एक परम वैष्णव के रूप में रहे।

नवीन जी का जीवन बड़े अभावों और कष्टों का जीवन था। डॉ. प्रभाकर माचवे ने उनकी जीवन रेखा में लिखा है : उनका मकान क्या था, झोंपड़ी थी। छत से बारिश में पानी टपकता था। पहले चार आना महीना किराया था, बाद में आठ आना महीने के मकान में रहने गये। बालक बालकृष्ण नंगे पैरों रहता, किताबें. खरीदने को पैसे नहीं थे, उधार माँगकर किताबें पढ़ता। नवीन की एक बहन थी, बचपन में उसकी शादी हुई और देहान्त भी हो गया। ऐसी मुसीबत की ज़िन्दगी में भी बालकृष्ण ने शाजापुर से मिडिल और उज्जैन के माधव महाविद्यालय से मैट्रिक की परीक्षा पास की।

1916 ई. में माखनलाल चतुर्वेदी के साथ नवीन जी लखनऊ कांग्रेस अधिवेशन में गये थे तो उज्जैन में दसवीं के छात्र थे। वहीं मैथिलीशरण गुप्त और गणेशशंकर विद्यार्थी से उनका संपर्क हुआ। बाद में 1917 ई. में कानपुर के क्राइस्ट चर्च कॉलेज में एफ. ए. की कक्षा में विद्यार्थी जी ने उन्हें भर्ती करा दिया। उक्त परीक्षा पास करके वे बी. ए. में पढ़ रहे थे कि गांधी जी का असहयोग आन्दोलन, छिड़ गया और नवीन उसी पथ के पथिक बन गये। बचपन में माँ ने नाथद्वारा में उनसे कहा था : "बेटा! हम लोग गरीब हैं। तू यहीं भगवान की झारी भर।" उन्होंने उत्तर दिया था : "माँ! भगवान की झारी तू भर। मैं तो अब भारत माता की झारी भरूँगा और

इस जीवन को देश के लिए अर्पित करूँगा।" अपने इस बाल कथन को बालकृष्ण ने अक्षरशः चरितार्थ कर दिया।

नवीन जी जिस समय स्वतंत्रता संग्राम में कूद रहे थे, उनकी उम्र कुल 24 वर्ष की थी। उन्होंने कई बार जेल यात्राएँ कीं और नौ वर्ष तक का उनका स्वर्णिम जीवन-काल कारागृह की दीवारों में व्यतीत हुआ। साहित्यकार-पत्रकार स्तर के बुद्धिजीवी स्वतंत्रता सेनानियों में ऐसा कोई दूसरा नाम नहीं मिलता, जिसने इतनी अधिक अवधि तक जेल की सज़ा काटी हो। सश्रम कारावास की जो मुसीबत माखनलाल चतुर्वेदी को झेलनी पड़ी थी, उस टक्कर की यातना केवल नवीन को भोगनी पड़ी थी। वैचारिक समता के अलावा शायद यह भी एक कारण है कि नवीन जी माखनलाल चतुर्वेदी की जीवन-शैली एवं उच्चादर्शों से ही नहीं, उनकी काव्य-शैली और जीवन-दर्शन से भी अत्यधिक प्रभावित दिखायी देते हैं। वाराणसी, लखनऊ, कानपुर, गाजीपुर, अलीगढ़, नैनी (इलाहाबाद) फैज़ाबाद, उन्नाव और बरेली की जेलों में उनका बंदी जीवन व्यतीत हुआ। इन जेलों में राजर्षि टंडन, रफी अहमद किदवई, डॉ. संपूर्णानंद और जवाहरलाल नेहरू से उनका निकट सम्पर्क हुआ। वे गणेशशंकर विद्यार्थी के बलिदान के पश्चात् कानपुर में उनके उत्तराधिकारी के रूप में कार्य करते रहे, और 1936-37 में कानपुर कांग्रेस कमेटी के अध्यक्ष चुने गये। 1945-46 में वे केन्द्रीय व्यवस्थापिका सभा के सदस्य चुने गये। 1952 में लोकसभा के सदस्य बने और उक्त अवधि के पश्चात् 1957 में वे राज्य सभा के मनोनीत सदस्य हुए।

लम्बे अविवाहित जीवन के पश्चात् उत्तरार्द्ध में उन्होंने प्रोफ़ेसर सरला मालानी से 1949 में विवाह किया और एक पुत्री रश्मि का जन्म हुआ। कई सरकारी हिन्दी संबंधी समितियों के वे सदस्य रहे और 1960 में उन्हें रुग्णावस्था में पद्मभूषण अलंकरण प्रदान किया गया, जिसके तीन दिन पश्चात् ही 29 अप्रैल, 1960 को इस राष्ट्रचेतना के महान उन्नायक कवि का निधन दिल्ली में हो गया।

बालकृष्ण शर्मा 'नवीन' एक सिद्धान्तवादी रचनाकार थे। उनमें आदर्शवाद था। राष्ट्र-प्रेम, राष्ट्रभाषा प्रेम और राष्ट्रीय संस्कृति-प्रेम उनके जीवन में सबसे बड़ा मूल्य था। उन्हें कोई सम्मान और पुरस्कार नहीं मिला 'पद्मभूषण' तो मृत्युशय्या पर पड़े महारथी के सम्मान की औपचारिकता भर था। पर 'नवीन' ने उसकी परवाह भी नहीं की। उनसे कम साहित्यिक सेवा करने वालों को सम्मान मिला। 'नवीन' को इसका कोई पश्चात्ताप नहीं था। कारण यह कि उनकी तो अपने जीवन-पथ के संबंध में यह घोषणा ही थी कि-

हम संक्रान्ति काल के प्राणी, बदा नहीं सुख योग।
घर उजाड़कर जेल बसाने का हमको है रोग।।

रचनाएँ : बालकृष्ण शर्मा 'नवीन' की प्रमुख प्रकाशित रचनाएँ निम्नांकित हैं :

1. कुंकुम (कविता), 1939
2. रश्मि-रेखा ("), 1951
3. अपलक ("), 1951
4. क्वासि ("), 1952
5. विनोबा-स्तवन (कविता), 1952
6. उर्मिला ("), 1957
7. प्राणार्पण ("), 1962
8. हम विषपायी जनम के ("), 1964
9. हमारी संसद (गद्य), 1957

काव्य-जीवन का विकास : (क) रहस्य-चेतना : बालकृष्ण शर्मा 'नवीन' जन्मजात कवि थे। उनमें काव्य की नैसर्गिक प्रतिभा थी। उनकी वेदना और अनुभूति सहज ही कविता बनकर फूट पड़ती थी। उनके ऊपर कबीर, विद्यापति, नानक, तुलसी से लेकर 'प्रसाद' 'पंत, ' 'निराला' तक का प्रभाव पड़ा था और वे भी युगीन कवियों की भाँति रहस्यमय संकेतों का अनुभव करते, और अपने अज्ञात प्रियतम से आँखमिचौनी करते थे। उनकी कविता 'अगणिता दीपमाला' का स्वर रहस्यवादी कवियों के मेल का है :

क्या जगायी है तुम्हीं ने
सजन! झिलमिल दीपमाला।
इस महत् ब्रह्माण्ड भर में,
खूब फैला है उजाला।

वे एकांत-शांत भाव से अपने प्रियतम में लीन रहना चाहते हैं। उस तल्लीनता में ही वे आनन्द की अनुभूति करते हैं। घर की अपनी भाषा में इस अनुभूति के स्वर बड़ी आत्मीयता से फूट पड़ते हैं :

हमरे बलम कौ कोइ न जगइयो,
काउ जनि गाइया मलार रे।
कंगनन की खन खन जनि करियौ,
न पायल की झनकार रे।

उनकी रहस्यवादी कविताओं की पृष्ठभूमि वेदान्त दर्शन पर आश्रित है। लौकिक

प्रेम में द्वैत होता है, पर परमात्मा के प्रेम में अद्वैत रहता है :

बाबुल घर में नेह भरा है,
पर वाँ द्वैत विचार रे।
साजन के नव नेह सलिल में,
है अद्वैत विचार रे।

कवि की राष्ट्रीयता और भक्ति कभी-कभी एक रूप हो जाती है। महात्मा गांधी के रूप में उसे गोपाल कृष्ण का दर्शन होता है :

देखा बेड़ी पहने मैंने अपना मृदु गोपाल।
अपना मृदु गोपाल सलौना वह मन मोहन लाल।

(ख) प्रकृति-प्रेम : 'नवीन' का सान्निध्य साहित्य-क्षेत्र में सर्वाधिक माखनलाल चतुर्वेदी से रहा। चतुर्वेदी जी की कविता की विविध भंगियों ने नवीन को प्रभावित किया। उनकी ही भाँति इन्होंने भी प्रकृति के मनोरम चित्रों को अपनी रचना का विषय बनाया। मध्यप्रदेश की पर्वतमाला, नदी-नद और प्राकृतिक सुषमा दोनों ही के लिए उपजीव्य रही है। अत: दोनों में एक अन्तरंग समानता का भी दर्शन हमें होता है।

लहराया मधुर-मधुर परिमल,
गुन-गुन-गुन-गुन गूँजा गुंजन।
पद-नख का कोमल किरण-जाल,
छाया मेरे गगनांगन में,
वे ललित, कलित, लघु, लाल-लाल,
पदचिह्न अँके मेरे प्रांगण में।
- तुम मेरी आँखों की पुतली

वे कभी अपनी प्रेम की पूर्व स्मृतियों में खो जाते हैं और सहज ही आँखों से आँसू छलक जाते हैं :

जिनके नभ में बहती थी, नित प्रेम मगन गंगा की लहरी,
रात की इन मादक स्मृतियों को कोई, कैसे कहो, सँभाले,
क्यों ढरके हैं दृग से जल-कण, क्या बतालायें रोनेवाले?

'नवीन' की कविताओं का यह पक्ष कम महत्त्वपूर्ण नहीं है और इस ढंग की उनकी कविताएँ भी उनके पूर्व संग्रहों में बहुत हैं। बाद में 'हम विषपायी जनम के' संग्रह में 'स्मरण-दीप' शीर्षक से ऐसी 45 कविताएँ संगृहीत हैं। पर देश की पुकार और राष्ट्र के आह्वान ने कवि की दिशा को बदल दिया। कवि स्वयं कहता है :

आज तो सँदेसा लेके आया है कठोर कर्म,

कहता है तोड़ो निज वीणा, अहो वीण-कार!
मत हो प्रमादी, मत बनो आज रसवादी,
बनो जन-गणवादी, अविवादी अविकार!

इसी राष्ट्रीय कर्तव्य-बोध ने कवि की काव्य-दिशा को दूसरा मोड़ दे दिया और वही दिशा उसकी समग्र रचनात्मकता का मुख्य स्वर हो गयी।

राष्ट्रीय कविता के रंग : 'नवीन' मूलतः कवि थे पर जननी जन्मभूमि की पराधीनता ने उस भावुक कवि- हृदय को संघर्ष के पथ पर लाकर खड़ा कर दिया था, जहाँ से वह भारत माता के सपूतों को उनके पूर्व गौरव का स्मरण कराते हुए जगाने का काम करने लगा था :

जागो जागो, आहत सुवन तुम, जागो जागो सोनेवालो,
जागो तुम सिंहों के छौनो, जागो सब कुछ खोनेवालो।
जागो देश-काल-निर्माता, जागो तुम निज भाग्य-विधाता,
जागो इतिहास के ज्ञाता, जागो तत्त्वज्ञान के दाता।

उनकी कविता में श्यामनारायण पांडेय के जागरण और प्रयाणगीतों की शैली, दिनकर का राष्ट्रीय गौरव-स्मरण, दादा माखनलाल की पीर, 'नवीन' की वर्षा ऋतु व वर्णन की उन्मादक तो एक साथ समन्वित है। 'हम विषपायी जनम के' संग्रह में कविताओं के शीर्षकों से ही उनकी प्रकृति संबंधी रुचि का आभास मिल जाता है। पर प्रकृति उनके लिए मानव भावों की पृष्ठभूमि में ही आती है। 'वसंत' शीर्षक कविता में वे वसंत के वस्तुचित्र के साथ अपने अन्तर की पीड़ा भी व्यक्त करते हैं :

कारागृह में भी आ पहुँचा
यह ऊधमी बसंत 'समीर'
मँडराने लग गयी यहाँ भी
सहसा यह पतझड़ की पीर।

इसी प्रकार 'बेबसी' में लिखते हैं :

जब गुलाब, बेला, चंपक,
हँसते हैं, तब मैं रोता हूँ।
कर न सकूँगा अर्पण, यही
सोचकर विह्वल होता हूँ।

प्रेम की पृष्ठभूमि में लिखी गयी प्रकृति की कविताओं में भी कवि ने उसके मनोरम दृश्य को रूपायित करने में सफलता पायी है। 'शरद-निशा' का चित्र कितना जीवंत है :

आज यह शरद-निशा बरसे
शर्वरी में मधुरस सरसे
विलसित दिङ्मंडल हुलसा नभराशि मुदु कर से
मेरे कारा के पादप भी हुए उजागर-से
आज यह शरद निशा बरसे।

प्रेम-विरह : 'नवीन' की कविता में राष्ट्र-प्रेम के साथ ही कोमल भावयुक्त लौकिक प्रेम की स्वर लहरी भी गुम्फित मिलती है। वे अपने जीवन की प्रथम पाली में कुँवारे रहे और अपने एकाकीपन की वेदना भी कभी-कभी कविता में उड़ेलते रहे। वे कवि की पूरी ईमानदारी से घोषित करते हैं :

मैं हूँ दो पैरों का प्राणी, मैं प्यासा, मैं दीवाना।
मैं धरती पर चलनेवाला, मैं आशिक, मैं मस्ताना।।

उनकी प्रेम काव्य- शैली में कहीं-कहीं 'प्रसाद' के 'आँसू' की भावधारा और लगभग वही छंद मिलता है :

खिल उठा आज मेरा शतदल,
उन्मुक्त हुए मेरे अलिगण,

उनकी कविता में प्रशस्ति (गांधी, नेहरू, विनोबा आदि की) तथा जेल-जीवन की यातनामय अनुभूतियों का शब्द-चित्र मिलता है। जेल-जीवन का प्रेरणाप्रद चित्र देखिए :

कोल्हू में जीवन के कण-कण,
तैल-तैल हो जाते क्षण-क्षण।
प्रतिदिन चक्की के घर-घर में-
पिस जाता गायन का नि:स्वन
फाग-सुहागभरी होली का यहाँ कहाँ रसराज।
अरे ओ मुखरित फागुन मास।

'नवीन' गांधीवादी अहिंसक पथ के पथिक थे। पर उनकी कविताओं में एक हिंसक क्रान्ति का जुझारू स्वर 1942 ई. के बाद सुनायी पड़ने लगता है। कुछ लोगों का मत है कि '42 में 'अंग्रेज़ो भारत छोड़ो' नारे के साथ सत्याग्रह का आह्वान किया गया और चौरी-चौरा में हिंसक काण्ड हो जाने पर महात्मा गांधी ने जब सत्याग्रह वापस लेने की घोषणा कर दी तो 'नवीन' के स्वर में क्रान्ति की ज्वाला प्रकट होने लगी। संभवत: उसी काल में कवि ने लिखा :

कवि कुछ ऐसी तान सुना दे, जिससे उथल-पुथल मच जाये,

एक हिलोर इधर से आये एक हिलोर उधर से आये,
प्राणों के लाले पड़ जायें, त्राहि-त्राहि स्वर नभ में छाये
नाश और सत्यानाशों का धुआँधार जग में छा जाये।

कवि अपनी क्रान्ति का उद्घोष न केवल पराधीनता के पाश को काटने के लिए करता है, अपितु वह समाज की असमानता, गरीबी और किसान-मजदूरों के शोषण के विरुद्ध भी क्रान्ति का बिगुल बजाने में किसी प्रगतिशील कवि से पीछे नहीं है। वे निर्धनता का चित्रण करते हुए लिखते हैं :

सड़े भात के लिए श्वान को औ मानव को लड़ते देखा,
पति-पत्नी को इक रोटी के हेतु नितांत झगड़ते देखा।

'जूठे पत्ते' के ऊपर टूटते इंसानों को देखकर कवि-मन न केवल द्रवित होता है, अपितु क्रान्ति का ज्वार उसके अन्तर से फूट पड़ता है :

भूखा देख तुझे गर उमड़े आँसू नयनों में जग-जन के!
तो तू कह दे 'नहीं चाहिए हमको रोने वाले जनखे!'
तेरी भूख, जिहालत तेरी, यदि न उभाड़ सके क्रोधानल,
तो फिर समझूँगा कि हो गयी सारी दुनिया कायर निर्बल।

'दिनकर' और 'नवीन' राष्ट्रीय काव्यधारा में एक दूसरे के अधिक निकट हैं, पर 'दिनकर' की क्रान्ति परोक्षानुभूति पर आश्रित है, 'नवीन' की प्रत्यक्षानुभूति पर। 'नवीन' स्वाधीनता संग्राम के सक्रिय सेनानी थे और उत्पीड़न को स्वयं उन्होंने झेला था।

खोज

हे 'नवीन' क्या ढूँढ़ रहे हो झुक-झुक के रुक-रुक के?
ठिठक-ठिठक क्या देखे हो यूँ छिप-छिप के लुक लुक के?
ढरक पड़ा है क्या कोई नग सम्पुट से आँखों के?
क्या हैं शिथिल उड़ान-भाव मन-मधुकर की पाँखों के?
क्यों तुम खाक छानते फिरते हो यों गली-गली में?
आतुर, भेद भूल मत जाना नकली में, असली में?

बड़ा कठिन है, यहाँ खोजना मोती अपने मन का;
बड़ा कठिन है मिलना संगी इस टूटे जीवन का;
ढूँढ़-खोज में अब न गँवाओ यह जिन्दगी अधूरी-
तै करनी है अभी बहुत कुछ जीवन-पथ की दूरी;
कोई नहीं किसी का, है याँ यूँ ही-सा कुछ नाता,
आदि काल से, हंस अकेला ही है उड़ता आता।

गलतफहमियाँ भरी हुई हैं जीवन की थाली में;
दुख की छाया छिपी हुई है पथ की अँधियाली में;
काली काली मतवाली घन छाया पथ में फैली
बीहड़ निबिड़ विपिन मग में है आशा खड़ी अकेली,
ऐ 'नवीन' इस अँधियाले में ढूँढ़ो हो उजियाला?
बन्धु, तुम्हारी अकल-समझ का निकला क्या दीवाला?
डिस्ट्रिक्ट जेल, गाज़ीपुर, 30 दिसम्बर, 1930

भरत-खण्ड के तुम हे जन-गण!

भरत-खण्ड के तुम, हे जन-गण!
चमक रहे हैं तव शोणित में इस भारत माता के रज- कण,
भरत-खण्ड के तुम हे जन-गण!
अहंकार, मस्तिष्क, बुद्धि, मन, यह भव-रूप और अभ्यन्तर,-
कला, काव्य, इतिहास पुरातन, ललित कलित कोमल गायन-स्वर,-
तत्त्व-लक्ष्य, एकान्त साधना, दर्शन, चिन्तन-मनन निरन्तर,-

यह प्रपूर्ण सम्पत्ति तुम्हारी है भारत की माटी का धन;
भरत-खण्ड के तुम हे जन-गण!

आमन्त्रण यह तुम्हें है कि इस माटी का श्रृंगार करो तुम;
आवाहन है तुम्हें कि अपनी जननी का भण्डार भरो तुम,
युग कहता है कि इस भूमि का यह दरिद्रता-भार हरो, तुम,-

स्नायु तन्तु सारंगी में हो सह- श्रम वृन्द वाद्य की झन-झन
भरत-खण्ड के तुम हे जन-गण!

एक धाम तुम, एक नाम तुम, एक बान तुम, एक प्राण हे तुम;
एक रागमय, इक यति गतिमय, सर्व उदय के गेय-गान हे तुम;
श्रेय-प्रेय-साधनापूर्ण तुम, मानवता के नव विहान हे तुम,
स्वेदोदक का अर्घ्य चढ़ाकर करो प्रात का सन्ध्या-वन्दन;
भरत-खण्ड के तुम हे जन-गण!
5 विण्ड्सर प्लेस, नयी दिल्ली, 18 फरवरी, 1955

पथ निरीक्षण

सुन लो ओ नवीन दीवाने, सुन लो मेरी बात जरा,-
अरे, रही है विजय जगत् में सदा काल से स्वयंवरा।
जिसके गट्टे में ताकत है, है उसकी ही वसुन्धरा;
देकर सीस, असीस मिले हैं यही विश्व की परम्परा;
विजय और वसुधा ये दोनों बड़े बाप की बेटी हैं;
कापुरुषों की नहीं, सदा ये बलवानों की बेटी हैं।

वरण करोगे विजय? बनोगे जग में क्या तुम धरणीधर?
तो सीखो कैसे देते हैं जन-शोणित अंजलि भर-भर?
विजय वरण करने निकले हो, पग धरते हो यूँ डर-डर?
कायर! समझा या कि चले हो तुम अपनी खाला के घर?
खबरदार! पीछे मत देखो, लानत है गर तुम झिझको,
क्या है मोल तुच्छ जीवन का, अरे खपा दो तुम निज को!

विजय? न सोचो कि वह मिलेगी, कब, किस दिन, किसी घड़ी अरे,
विजय नहीं कंकड़ी मिले जो यों ही पथ में पड़ी अरे?
पहले कुछ चुकते तो कर दो साँचे-चोखे दाम अरे,
भीरु चाहते हैं कि मिले वह विजय बिना कुछ भेंट धरे,
तुम हो अग्निकुमार अरे ओ युवक धुनी, ओ मतवाले,
इस स्वातन्त्र्य-चण्डिका को दो भर निज शोणित के प्याले।
जब जग विचलित होता दीखे, जब सब छोड़ें संग अहो,
जब दुनियादारों की होवे धीमी हृदय-उमंग अहो,

जब कि पड़े जय-जय की ध्वनि का कुछ-कुछ फीका रंग अहो,
तब तुम, अरे युवक, मत डोलो, पथ पर डटे अभंग रहो,
निरुत्साह की, तिरस्कार की यदि तुमको भावना मिले,
तो उसको, हे अटल हिमाचल, सह जाओ तुम बिना हिले।

तुमको करना है पुरुखों के सब पापों का प्रक्षालन,
तुम्हें तोड़ना है सदियों की विकट श्रृंखला का बन्धन,
है बलि-वेदी, सखे! प्रज्वलित माँग रही ईंधन क्षण-क्षण,
आओ युवक, लगा दो तो तुम अपने यौवन का ईंधन,
भस्मसात् हो जाने दो ये प्रबल उमंगें जीवन की,
अरे सुलगने दो बलि-वेदी, चढ़ने दो बलि यौवन की।
आज अग्नि-ताण्डव होने दो, लप लपटें लहराने दो,
रंजित अग्नि-शिखा उठने दो, अम्बर लौं हहराने दो,
निज ध्वंसावशेष दुर्गों में विजयध्वजा फहराने दो,
एक बार फिर से जय-जय की विजय-गूँज घहराने दो,
हारी-थकी अस्थियाँ लेकर करते जाओ कूच सखे,
पथ जैसा है वैसा ही है, निरखो नीच न ऊँच सखे।
डिस्ट्रिक्ट जेल, अलीगढ़, 21 जनवरी, 1934

जूठे पत्ते

क्या देखा है तुमने नर को नर के आगे हाथ पसारे?
क्या देखे हैं तुमने उसकी आँखों में खारे फव्वारे?
देखे हैं? फिर भी कहते हो कि तुम नहीं हो विप्लवकारी?
तब तो तुम हिजड़े हो, या हो महा भयंकर अत्याचारी!

अरे चाटते जूठे पत्ते जिस दिन मैंने देखा नर को
उस दिन सोचा क्यों न लगा दूँ आज आग इस दुनिया भर को?
यह भी सोचा : क्यों न टेंटुआ घोंटा जाय स्वयं जगपति का?
जिसने अपने ही स्वरूप को रूप दिया इस घृणित विकृति का।

जगपति कहाँ? अरे, सदियों से वह तो हुआ राख की ढेरी;
वरना समता-संस्थापन में लग जाती क्या इतनी देरी?
छोड़ आसरा अलख शक्ति का रे नर, स्वयं जगत्पति तू है,
तू यदि जूठे पत्ते चाटे, तो तुझ पर लानत है, थू है!

कैसा बना रूप यह तेरा, घृणित, पतित, वीभत्स, भयंकर!
नहीं याद क्या तुझको, तू है चिर सुन्दर नवीन प्रलयंकर?
भिक्षा पात्र फेंक हाथों से, तेरे स्नायु बड़े बलशाली,
अभी उठेगा प्रलय नींद से, तनिक बजा तू अपनी ताली।

ओ भिखमंगे, अरे पराजित, ओ मजलूम अरे चिरदोहित,
तू अखण्ड भाण्डार शक्ति का जाग, अरे निद्रा-सम्मोहित,

प्राणों को तड़पानेवाली हुंकारों से जल-थल भर दे,
अनाचार के अम्बारों में अपना ज्वलित पलीता धर दे।

भूखा देख तुझे गर उमड़ें आँसू नयनों में जग-जन के-
तो तू कह दे : चाहिए हमको रोनेवाले जनखे;
तेरी भूख; असंस्कृति तेरी, यदि न उभाड़ सकें क्रोधानल,-
तो फिर, समझूँगा कि हो गयी सारी दुनिया कायर निर्बल।
श्री गणेश कुटीर, कानपुर,
31 जुलाई, 1937, अर्धरात्रि

ओ मजदूर-किसान, उठो

उठो, उठो ओ नंगो-भूखो,
ओ मजदूर किसान, उठो,
इस गतिमय मानव समूह के
ओ प्रचण्ड अभिमान, उठो

आज मुक्ति के अरमानों ने
मिलकर यों ललकारा है;
ओ सब सोनेवालो, जागो,
गूँज रहा नक्कारा है!
कैसी रात? कहाँ के सपने
यह नव प्रात पधारा है!
ऐसे हँसते-से प्रभात का
तुम करने सम्मान उठो,
उठो, उठो ओ नंगो-भूखो,
ओ मजदूर किसान, उठो,

ले प्राणों के फूल करों में,
हिय में अमित उमंग भरे,-
कन्धों पर ले विजय पताका,
नयनों में रण-रंग भरे,-
नवल प्रात के स्वागत को तुम
चलो वीर निश्शंक अरे;

क्या भय? क्या डर? आज झिझक क्या? ओ मानस-संतान उठो।
उठो, उठो ओ नंगो-भूखो,
ओ मजदूर-किसान, उठो।

शतियों के आदर्श तुम्हारे
मूर्त रूप धर आये हैं;
नव समाज के नवल सृजन का
नया सदेसा लाये हैं;
दिशि दिशि में समता-स्थापन के
ये अभिनव स्वर छाये हैं;
महाक्रान्ति के नव विधान हित
तुम करने बलिदान उठो;
उठो, उठो ओ नंगो-भूखो,
ओ मजदूर किसान, उठो।

अब न आ सके रात भयंकर
ऐसा कुछ गति-चक्र चले;
फिर न अँधेरा छाये जग में
चाल न कोई वक्र चले;
चमके स्वतन्त्रता का सूरज,
परवशता का अभ्र टले;
शोषण के शासन की इति हो,
तुम ऐसा प्रण ठान, उठो,
उठो, उठो ओ नंगो-भूखो,
ओ मजदूर-किसान, उठो।
सभी ओर तव भुज-बल- अंकित,
पृथिवी देखो, हल देखो,
निखिल विश्व के यन्त्र-तन्त्र में
तुम अपना कौशल देखो;
भू-मण्डल के सिरजन में तुम
अपनी चहल-पहल देखो;

ज्याति जगाते, भीति भगाते,
ओ तुम शक्ति-निधान, उठो;
उठो, उठो ओ नंगो-भूखो,
ओ मजदूर-किसान, उठो।

तुमने पीकर गरल, जगत को-
मधुरामृत का दान दिया;
शीतल हुआ जगत, जब तुमने
प्रलय-अग्नि का पान किया!
मरण-वरण कर तुमने सबको
नव जीवन, नव प्राण, दिया;
बहुत पिया विष, अमृत पियो अब,
त्यागी वीर महान्, उठो;
उठो, उठो ओ नंगो-भूखो,
ओ मजदूर किसान, उठो।

सुलगा दो निज अन्तर्ज्वाला,
विकट लपट लम्बी धधके,
होवे भस्म दासता, शोषण,
ऐसी यह होली भभके!
हो जाओ तुम मुक्त, कि बिहँसे,
ये सब तारागण नभ के;
दुर्निवार तुम, सदा मुक्त तुम,
करो विजय के गान, उठो;
उठो, उठो ओ नंगो-भूखो,
ओ मजदूर किसान, उठो।
किसका साहस है कि रख सके
तुमको यो चिर बन्धन में?
स्वयं मुक्ति ही नाच रही है
सदा तुम्हारे स्पन्दन में!
तुममें विप्लव अन्तर्हित है,

जैसे ज्वाला चन्दन में;
टेर रहा है तुम्हें विश्व यह
ओ जग के बलवान, उठो;
उठो, उठो ओ नंगो-भूखो,
ओ मजदूर किसान, उठो।
केन्द्रीय कारागार, बरेली 26 जुलाई, 1943

रामधारी सिंह 'दिनकर'

सिंहासन का भाग छीनकर दो मत निर्जन वन को,
पहचानो निज कर्म युधिष्ठिर! कड़ा करो कुछ मन को।
क्षत-विक्षत है भरत-भूमि का अंग-अंग बाणों से,
त्राहि-त्राहि का नाद निकलता है असंख्य प्राणों से।
('कुरुक्षेत्र' सप्तम सर्ग से)

'दिनकर' का जन्म बिहार राज्य के मुंगेर (अब बेगुसराय) जिले के सिमरिया नामक ग्राम में 30 सितम्बर, 1908 ई. में हुआ। पटना कॉलेज से बी. ए. पास करने के बाद 1933 ई. में एक स्कूल में आप अध्यापक हुए। युद्ध-काल में ये बिहार सरकार के प्रचार विभाग में आ गये और 1950 ई. में एक स्नातकोत्तर कॉलेज के हिन्दी के विभागाध्यक्ष के रूप में पुनः शिक्षा जगत् में लौट आये। 1952 ई. में राज्यसभा के सदस्य निर्वाचित हुए। भारत सरकार ने आपको 'पद्मभूषण' की उपाधि से विभूषित किया। वे केन्द्रीय सरकार की हिन्दी- समिति के मन्त्री बनाये गये। आप प्रायः दिल्ली में राजकीय कार्यों से सम्बन्धित रहते हुए साहित्य-साधना में लगे रहे। आपने अमर काव्य-साधना करते हुए अक्षय कीर्ति अर्जित करके अपनी इहलीला 4 अप्रैल, 1974 ई. में समाप्त की।

प्रमुख रचनाएँ : काव्य : प्रणभंग (1929), रेणुका (1935), हुंकार (1939), रसवन्ती (1940), द्वन्द्वगीत (1940), कुरुक्षेत्र (1946), सामधेनी (1947), बापू (1947), धूप और धुआँ (1951), इतिहास के आँसू (1951), रश्मिरथी (1952), नील कुसुम (1954), दिल्ली (1954), नीम के पत्ते (1954), नये सुभाषित (1957), सीपी और शंख (1957), उर्वशी (1961), परशुराम की प्रतीक्षा (1964), कोयला और कवित्व (1964), आत्मा की आँखें (1965), (अनूदित) मृत्ति-तिलक (1965), संस्कृति : संस्कृति के चार अध्याय।

काव्य-जीवन का विकास : 'दिनकर' अपने छात्र जीवन में ही कविवर मैथिलीशरण गुप्त की भारत -भारती', 'जयद्रथ वध', और अन्य राष्ट्रीय भावनाओं की रचनाओं से प्रभावित हुए और तभी से उन्होंने कविता लिखना प्रारम्भ कर दिया, पर उनकी काव्य-प्रतिभा की पहचान संवत् 1992 वि. में 'रेणुका' के प्रकाशन के बाद हुई।

'दिनकर' 'मुक्तक' और 'प्रबन्ध-काव्य' दोनों ही प्रकार की रचनाओं में सफल हुए। 'रेणका,' 'हुंकार' 'रसवन्ती,' 'द्वन्द्वगीत,' 'सामधेनी' आदि उनकी मुक्तक रचनाओं के संग्रह हैं तो 'कुरुक्षेत्र,' 'रश्मिरथी' और 'उर्वशी' उनकी प्रबन्धात्मक काव्य-कृतियाँ हैं। उनके काव्य में आरम्भ से अन्त तक हमें राष्ट्रीय स्थिरता और

राष्ट्र-प्रेम की प्रखर तेजस्विता के दर्शन होते हैं।

'दिनकर' अयोध्या से लेकर वैशाली के खंडहरों तक से प्रश्न करते हुए पूछते हैं कि इस देश की प्राचीन गौरव क्या हुआ? आज़ादी के पूर्व 'दिनकर' अपने सांस्कृतिक जागरण के गीतों और आह्वानमूलक ओजस्वी कविताओं के द्वारा राष्ट्र को जागरण का संदेश देते हैं। और आज़ादी के पश्चात् के समाज की नयी शोषणमुक्त व्यवस्था और मानवतावादी समाज-रचना के लिए अपनी रचनाओं द्वारा संघर्ष की भूमि तैयारी करते हैं।

दिनकर के 'कुरुक्षेत्र' का हिन्दी साहित्य में महत्त्वपूर्ण स्थान है। एक प्रबन्ध-काव्य के रूप में उसे श्रेष्ठ स्वीकार करें या न करें, उसकी प्रबंधात्मकता में भले ही शिथिलता आरोपित की जाय, पर उसमें जीवन की एक ज्वलंत और जीवंत समस्या को लेकर जूझने का प्रयास कवि ने किया है। उसके माध्यम युधिष्ठिर और भीष्म हैं, पर वे मनुष्य के प्रतिनिधि मात्र हैं। यही कारण है कि द्वापर की इस कथा में उस रचना का पूरा का पूरा छठा सर्ग आधुनिक युग के समस्त संदर्भों और परिवेशों से लेकर अणु-युद्ध और वैज्ञानिक युग की बीसवीं सदी की कहानी कहने लगता है। कवि ने स्वयं कुरुक्षेत्र के निवेदन में इसे प्रक्षेप कहा है और यह स्वीकार किया है कि 'कुरुक्षेत्र' में प्रबंध की एकता उसमें वर्णित विचारों को लेकर है। उस रचना में महाभारत (कुरुक्षेत्र) के भीषण नरसंहार के पश्चात् युधिष्ठिर कहते हैं कि यदि अपने अहंकार और अपमान के प्रतिशोध में आकर हम युद्ध में लिप्त न होते तो यह नरसंहार बचाया जा सकता था, पर जब वे उस पश्चात्ताप की अभिव्यक्ति शर-शय्या पर पड़े नीति- निपुण पितामह भीष्म से करते हैं तो उनका उत्तर होता है कि अकीर्ति और अन्याय के विरुद्ध युद्ध करना ही धर्म है। क्षमा भी उसे ही शोभा देती है, जिसमें शक्ति हो।

'दिनकर' गांधीवाद से प्रभावित कवि हैं। महात्मा गांधी के जीवन एवं विचारों का उनके ऊपर प्रभाव था। वे प्रगतिशील अथवा मार्क्सवादी विचारों के आंशिक प्रभाव में थे, पर वे लक्ष्य प्राप्ति के लिए हिंसा को एक सीमा तक ही स्वीकार करते थे। श्रेष्ठ मार्ग प्रीति और प्रतीति का ही उन्हें लगता था। उन्हें एक क्रान्तद्रष्टा कवि कहा जाता है, पर उनकी क्रान्ति भी गांधीवादी अहिंसक क्रान्ति है।

उनके तात्कालिक उद्गारों से उनकी क्रान्तिकारिता का छायाभास भले ही मिल जाय, पर व्यवस्थित चिन्तन और प्रतिपादन में वे गांधीवादी हैं और कवि के रूप में एक राष्ट्रप्रेमी भावुक रचनाकार। वे स्वतंत्रचेता कवि अवश्य हैं, जिन्हें किसी वाद के घेरे में नहीं समेटा जा सकता है।

'दिनकर' जी का भाषा पर पूरा अधिकार है। उनकी भाषा में एक सहज प्रभाव है। उनका युग छायावादी कविता का युग था और उस समय कोमलकान्त- पदावली थी। वायवी और कल्पना-बोझिल खड़ी बोली की एक काव्य-शैली चल पड़ी थी, जिसकी प्रतिक्रिया में प्रगतिशील कवियों की सपाट और सामान्य भाषा कविता की भाषा के रूप में प्रचलित होने लगी थी। 'दिनकर' इससे अलग एक नवीन भाषा के पथ-प्रदर्शक थे।

यह भाषा सहज-सरल किन्तु अपनी सांस्कृतिक थाती का सामर्थ्य रखने योग्य संस्कृत के दाय से युक्त ओजस्वी भाषा है। इस प्रकार की भाषा श्यामनारायण पाण्डेय और सोहनलाल द्विवेदी जैसे समानधर्मी कवियों की भाषा से अलग अपनी पहचान बनाने में समर्थ है। उनकी भाषा में एक ओर संस्कृत के तत्सम शब्द और दूसरी ओर उर्दू के सरल शब्द सहज सह-अस्तित्व के साथ भाव व्यंजना में सहायक होते हैं। आधुनिक काल के कवियों में 'दिनकर' अपनी विचारधारा एवं भाषा-शैली सभी ; दृष्टियों से एक अलग पहचान बनाते हैं।

दिनकर की राष्ट्रीय चेतना : राष्ट्रीय कविता के जिस प्रवाह को भारतेन्दु ने बहाया और मैथिलीशरण गुप्त आदि ने जिसे गति दी, उसी का भास्वर रूप कवि रामधारी सिंह 'दिनकर' की वाणी में प्रकट हुआ। 'दिनकर' का कार्यकाल परतंत्रता से प्रारंभ होकर स्वतंत्र भारत के सत्तर के दशक तक रहा। उन्होंने पराधीनता के दर्द को स्वयं महसूस किया था। उन्होंने भारत के गौरवशाली अतीत में झाँककर देखा। और पराधीन भारत की अधोगति से उसकी तुलना की। अपनी प्रसिद्ध कविता 'हिमालय' में उन्होंने मर्माहत अन्त:करण से नगपति हिमवान से पूछा :

तू पूछ अवध से, राम कहाँ, वृन्दा, बोलो घनश्याम कहाँ।
ओ मगध! कहाँ मेरे अशोक? वह चन्द्रगुप्त बलधाम कहाँ।।

पैरों पर ही है पड़ी हुई मिथिला भिखारिणी सुकुमारी।
तू पूछ कहाँ इसने खोयी अपनी अनन्त निधियाँ सारी?

इस दुर्दशा का कारण हमारी पराधीनता है और उससे मुक्ति के लिए जागृति' का संदेश देते हुए कवि हमें पुरुषार्थ और प्रतिकार का महामंत्र देता है :

रे, रोक युधिष्ठिर को न यहाँ,
जाने दे उनको स्वर्ग धीर।
पर फिरा हमें गाण्डीव-गदा,
लौटा दे अर्जुन -भीम वीर।

अतः 'दिनकर' की राष्ट्रीय कविता का स्वर क्रान्तिकारी है। कवि युधिष्ठिर की शान्तिकामी नीति का नहीं, अपितु अर्जुन और भीम की सशस्त्र प्रतिकार की नीति का विश्वासी है। बीच-बीच में 'दिनकर' की रचनाओं में गांधीवादी नीति की झलक अवश्य मिलती है पर समग्रतः उनकी राष्ट्रीय क्रान्ति की दिशा सरदार भगत सिंह, चन्द्रशेखर आज़ाद और सुभाषचन्द्र बोस आदि की सरणि के कहीं अधिक निकट दीख पड़ती है।

'कुरुक्षेत्र' कविवर 'दिनकर' की ऐसी रचना है, जिसमें उनकी कविता का चरमोत्कर्ष दीख पड़ता है। साथ ही इसमें कवि के जीवन-दर्शन का भी निरूपण हुआ है। 'महाभारत' समाप्त है-सब कुछ समाप्त है। युधिष्ठिर युद्ध करके पश्चात्ताप करते हुए भीष्म के सम्मुख खड़े हैं, पर भीष्म न्यायोचित युद्ध की अनिवार्यता प्रतिपादित करते हुए कहते हैं :

किसने कहा, पाप है, समुचित
स्वत्व-प्राप्ति हित लड़ना।
उठा न्याय का खड्ग समर में
अभय मारना मरना।

और क्षमा निर्बल का आभूषण नहीं हो सकती। स्वत्वविहीन, दलित और पराधीन क्या क्षमादान करेगा? क्षमा तो सामर्थ्यवान को शोभा देती है :

क्षमा शोभती उस भुजंग को
जिसके पास गरल हो,
उसको क्या, जो दंतहीन,
विषरहित विनीत सरल हो।

और शान्ति? यह भी एक बहुत बड़ा धोखा है- शोषित समुदाय के लिए। शान्ति की बातें प्रायः यथास्थितिवादी करते हैं। व्यवस्था के प्रति विद्रोह के तीव्र वेग को रोकने के लिए शान्ति शब्द का प्रयोग होता है। 'दिनकर' मरघट की शान्ति की अपेक्षा मर मिटना ठीक समझते हैं। इसीलिए भीष्म कहते हैं :

औ' जिनकी हड्डियाँ चबाकर
शोणित पीकर तन का,
जीती है यह शान्ति
दाह समझो कुछ
उनके मन का।

पर 'कुरुक्षेत्र' के छठे सर्ग में 'दिनकर' वर्तमान में उतर आते हैं। युद्ध और

शान्ति, विज्ञान और विनाश की विभीषिका के मंथन में वे गांधीवादी दर्शन के अनुगामी प्रतीत होते हैं। रचना का उपसंहार भी पितामह भीष्म की इस आश्वस्ति के साथ होता है :

आशा के प्रदीप को जलाये चलो धर्मराज,
एक दिन होगी मुक्त भूमि रणभीति से।

स्नेह-बलिदान होंगे माप नरता के एक
धरती मनुष्य की बनेगी स्वर्ग प्रीति से।

जीवन-दर्शन के इन दो विरोधी ध्रुवों में कवि ने एक सामंजस्य स्थापित करने का प्रयास किया है, वह यह कि अपने देश की स्वतंत्रता और स्वत्व-रक्षा के लिए हमें युद्ध भी करना पड़े तो अवश्य करना चाहिए, पर हमारा अन्तिम लक्ष्य है विश्व मानवता, प्रेम और बंधुत्व। उन्हें आशा है कि भविष्य में कभी ऐसी स्थिति आ सकती है, जब संसार में कहीं युद्ध हो ही नहीं और सर्वत्र प्रेम का साम्राज्य छा जायेगा। आज़ादी के पश्चात् शान्तिदूत पं. जवाहरलाल नेहरू के नेतृत्व में भारत विश्व शान्ति का संदेशवाहक बना था, तभी कवि की कल्पना में ये भाव जगे थे, पर 1962 में चीन के आक्रमण ने हमारी आँखें खोल दीं। कवि 'दिनकर' का भी पुनः पुराना तेवर जाग उठा और 'परशुराम की प्रतीक्षा' में पुनः वे पौरुष-पुरुषार्थ के कवि के रूप में प्रकट हुए।

'दिनकर' की राष्ट्रीय चेतना का स्वर केवल पराधीनता से मुक्ति तक सीमित नहीं है, अपितु उसमें आर्थिक-सामाजिक पहलू भी ज़ोरदार ढंग से अभिव्यक्त है। उन्होंने जिस ऊर्जा से स्वतंत्रता का जयघोष किया, उसी ऊर्जा से क्रान्ति का भैरव राग भी गाया। वे उस शान्ति के विरोधी हैं, जो शोषण को प्रश्रय देती है। अपनी 'हाहाकार' शीर्षक कविता में वे कहते हैं :

टाँक रही हो सुई चर्म पर, शान्त रहें हम तनिक न बोलें।
यही शान्ति, गर्दन कटती हो, पर हम अपनी जीभ न खोलें।
बोलें कुछ मत क्षुधित, रोटियाँ श्वान छीन खायें यदि कर से।
यही शान्ति, जब वे आयें, हम निकल जायँ चुपके निज घर से।
यह विशाल समुदाय जो दीनता की चक्की में पिस रहा है, उसकी क्या दशा है :
मुख में जीभ, शक्ति भुज में है, जीवन में सुख का नाम नहीं है।
वसन? कहाँ सूखी रोटी भी मिलती दोनों शाम नहीं है।

स्वतंत्रता के पूर्व से लेकर स्वतंत्रता के पश्चात् तक लगातार आर्थिक विषमता 'दिनकर' के लिए चुनौती रही है। 'दिल्ली' शीर्षक से अपनी चार कविताओं में कवि ने उसके वैभव को जन-शोषण का प्रतीक माना है। कवि भुखमरी, शोषण, विषमता और समाज की कंगाली से द्रवित है। दिल्ली उसे 'कृषक-मेध की रानी' लगती है। वह शोषकों और सत्ता के मद में चूर सुविधाभोगियों से कहता है :

ओ मदहोश, बुरा फल है शूरों के शोणित पीने का।
देना होगा तुझे एक दिन गिन-गिन मोल पसीने का।
कल होगा इन्साफ यहाँ किसने क्या किस्मत पाई है,
अभी नींद से जाग रहा युग पहली यह अँगड़ाई है।

भावुक कवि भी इस आर्थिक विषमता के विरुद्ध कभी शंकर से प्रलय-नृत्य करने का आह्वान करता है और कभी स्वर्ग लूटने को ललकारता है। इसे स्वाभाविक विद्रोह न कहकर कवि का भावुक विद्रोह ही कहा जायगा, पर इस बात को अस्वीकार नहीं किया जा सकता कि कवि ने द्रारिद्र्य और वैभव की अनमेल विषमता को निज की आँखों से देखा है। वह कहता है :

श्वानों को मिलता दूध-भात, भूखे बच्चे अकुलाते हैं।
माँ की हड्डी से चिपक ठिठुर जाड़ों की रात बिताते हैं।

इस अन्तर को कवि बर्दाश्त नहीं कर पाता। एक ओर श्रमिक, किसान और मज़दूर हैं, जो प्रत्येक उपभोक्ता वस्तु के उत्पादक हैं और दूसरी ओर उसके श्रम से ऐश करने वाले धनाढ्य लोग हैं। 'दूध' तो एक प्रतीक है। ग़रीब का छोटा बच्चा 'दूध-दूध' की रट लगाते हुए मर भी जाता है, पर उसे दूध नसीब नहीं होता :

'दूध-दूध' ओ वत्स! मंदिरों में बहरे पाषाण यहाँ हैं,
'दूध-दूध' तारे बोले, इन बच्चों के भगवान कहाँ हैं?

वे भी यहीं दूध से जो अपने श्वानों को नहलाते हैं।
ये बच्चे भी यहीं कब्र में 'दूध-दूध' जो चिल्लाते हैं।

'दिनकर' ने राष्ट्रीय चेतना के परिप्रेक्ष्य में सामजिक समता का भी आह्वान किया है। जातीय विषमता के पाखंड को कवि ने 'रश्मिरथी' में सेनापति कर्ण के माध्यम से व्यक्त किया है। मनुष्य की महत्ता उसके पुरुषार्थ और कर्म से है; जाति से नहीं। कर्ण इस व्यवस्था की क्रूरता का प्रतीक है जिसमें पौरुष, पराक्रम और तेजस्विता तो है, पर वह अपमान सहने को विवश किया जाता है, क्योंकि उसकी जाति का पता नहीं है। वह कहता है :

पूछो मेरी जाति शक्ति हो तो मेरे भुजबल से।
रवि समान दीपित ललाट से और कवच-कुण्डल से।
पढ़ो उसे जो झलक रहा है मुझमें तेज प्रकाश।
मेरे रोम-रोम में अंकित है मेरा इतिहास।।

इस प्रकार हम देखते हैं कि 'दिनकर' की राष्ट्रीय चेतना का क्षेत्र बहुआयामी है। समय के साथ 'दिनकर' के विचार प्रवाह में परिवर्तन होता रहा है। स्वतंत्रता मिलने के पश्चात् उन्हें लगा कि अब राष्ट्रीयता अप्रासंगिक हो गयी है। 'राष्ट्र- देवता का विसर्जन' शीर्षक उनकी कविता इसी भावभूमि में लिखी गयी है। उनका चिन्तन है कि पराधीन देश के लिए राष्ट्रीयता ही मोक्ष का साधन है, क्योंकि राष्ट्रीयता के आश्रय बिना वे स्वतंत्र नहीं हो सकते। पर स्वाधीन होने के पश्चात् भी राष्ट्रीय बंधन में पड़े रहने पर विश्व की एकता असंभव हो जायेगी। इस काल में कवि अन्तर्राष्ट्रीयता का कवि बन गया था, पर देश की परिस्थितियों ने उसे झकझोरा। आक्रमण की चोट से राष्ट्र आहत हुआ और वायवी अन्तर्राष्ट्रीयता की तंद्रा से जगकर 'परशुराम की प्रतीक्षा' में कहता है :

वे देश शान्ति के सबसे शत्रु प्रबल हैं।
जो बहुत बड़े होने पर भी दुर्बल हैं।
हैं जिनके उदर विशाल बाँह छोटी है।
भोथरे दाँत पर जीभ बहुत मोटी है।

अपनी इस स्वतंत्र्योत्तर रचना में भी कवि राष्ट्रीय शक्ति और सामर्थ्य के लिए आर्थिक समता को आवश्यक मानता है। उसकी दृष्टि इस मसले में बहुत साफ है कि जब तक गैरबराबरी रहेगी, और सभी समान नहीं होंगे, राष्ट्र शक्तिशाली नहीं होगा। ऐसा राष्ट्र अपनी अस्मिता की रक्षा में भी समर्थ नहीं होगा :

जब तक है यह वैषम्य, समाज सड़ेगा।
किस तरह एक होकर यह देश लड़ेगा।

वैषम्य घोर जब तक यह देश सहेगा।
दुर्बल का ही दुर्बल यह देश रहेगा।

कवि 'दिनकर' के काव्य में आद्यंत एक राष्ट्रीय चेतना का स्वर गुंफित है, जिसमें एक ओर राष्ट्र का पौरुष और दूसरी ओर समता है। राष्ट्रीयता उनकी आत्मा का प्रधान स्वर है; वह अन्तर्जात है, आरोपित नहीं। यह बात अलग है कि युग के प्रभाव में उनकी राष्ट्रीय कविता के रंग बदलते रहे हैं।

मंगल-आह्वान

भावों के आवेग प्रबल
मचा रहे उर में हलचल।

कहते, उर के बाँध तोड़
स्वर-स्रोतों में बह-बह अनजान,
तृण, तरु, लता, अनिल, जल-थल को
छा लेंगे हम बनकर गान।

पर, हूँ विवश, गान से कैसे
जग को हाय! जगाऊँ मैं,
इस तमिस्त्र युग-बीच ज्योति की
कौन रागिनी गाऊँ मैं?

बाट जोहता हूँ लाचार,
आओ, स्वरसम्राट् उदार।

पल भर को मेरे प्राणों में
ओ विराट् गायक! आओ,
इस वंशी पर रसमय स्वर में
युग-युग के गायन गाओ।

वे गायन, जिनको न आज तक
गाकर सिरा सका जल-थल,

जिनकी तान-तान पर आकुल
सिहर-सिहर उठता उडु-दल।

आज सरित का कल-कल, छल-छल,
निर्झर का अविरल झर-झर,
पावस की बूँदों की रिमझिम,
पीले पत्तों का मर्मर,

जलधि-साँस, पक्षी के कलरव,
अनिल-सनन, अलि का गुन-गुन,
मेरी वंशी के छिद्रों में
भर दो ये मधु स्वर चुन-चुन।

दो आदेश, फूँक दूँ श्रृंगी,
उठें प्रभाती-राग महान,
तीनों काल ध्वनित हों स्वर में,
जागें सुप्त भुवन के प्राण।

गत विभूति, भावी की आशा
ले युगधर्म पुकार उठे,
सिंहों की घन-अन्ध गुहा में
जागृति का हुंकार उठे।

जिनका लुटा सुहाग, हृदय में
उनके दारुण हूक उठे,
चीखूँ यों कि याद कर ऋतुपति
की कोयल रो कूक उठे।

प्रियदर्शन इतिहास कंठ में
आज ध्वनित हो काव्य बने,
वर्तमान की चित्रपटी पर

भूतकाल सम्भाव्य बने।

जहाँ-जहाँ घन-तिमिर हृदय में
भर दो वहाँ विभा प्यारी,
दुर्बल प्राणों की नस-नस में
देव! फूँक दो चिनगारी।

ऐसा दो वरदान, कला को
कुछ भी रहे अजेय नहीं,
रजकण से ले पारिजात तक
कोई रूप अगेय नहीं।

प्रथम खिली जो मधुर ज्योति
कविता बन तमसा-कूलों में,
जो हँसती आ रही युगों से
नभ-दीपों, वनफूलों में;

सूर-सूर, तुलसी-शशि जिसकी
विभा यहाँ फैलाते हैं,
जिसके बुझे कणों को पा कवि
अब खद्योत कहाते हैं;

उसकी विभा प्रदीप्त करे
मेरे उर का कोना-कोना,
छू दे यदि लेखनी, धूल भी
चमक उठे बनकर सोना।
(1933)

हिमालय

मेरे नगपति! मेरे विशाल!
साकार, दिव्य, गौरव विराट,
पौरुष के पुंजीभूत ज्वाल!
मेरी जननी के हिम-किरीट!
मेरे भारत के दिव्य भाल।
मेरे नगपति! मेरे विशाल!

युग-युग अजेय, निर्बन्ध, मुक्त,
युग-युग शुचि, गर्वोन्नत, महान,
निस्सीम व्योम में तान रहा
युग से किस महिमा का वितान?

कैसी अखंड यह चिर समाधि?
यतिवर! कैसा यह अमिट ध्यान?
तू महाशून्य में खोज रहा
किस जटिल समस्या का निदान?
उलझन का कैसा विषम जाल?
मेरे नगपति! मेरे विशाल!

ओ, मौन तपस्या-लीन यती!
पल भर को तो कर दृगुन्मेष!
रे ज्वालाओं से दग्ध, विकल
तड़प रहा पद पर स्वदेश।

सुखसिन्धु, पंचनद, ब्रह्मपुत्र,
गंगा, यमुना की अमिय-धार
जिस पुण्यभूमि की ओर बही
तेरी विगलित करुणा उदार,

जिसके द्वारों पर खड़ा क्रांत
सीमापति! तू ने की पुकार,
'पद-दलित इसे करना पीछे
पहले ले मेरा सिर उतार।'

उस पुण्यभूमि पर आज तपी!
रे, आन पड़ा संकट कराल,
व्याकुल तेरे सुत तड़प रहे,
डँस रहे चतुर्दिक विविध व्याल।
मेरे नगपति! मेरे विशाल!

कितनी मणियाँ लुट गयीं? मिटा
कितना मेरा वैभव अशेष!
तू ध्यानमग्न ही रहा, इधर!
वीरान हुआ प्यारा स्वदेश।

किन द्रौपदियों के बाल खुले?
किन-किन कलियों का अन्त हुआ?
कह हृदय खोल चित्तौर! यहाँ
कितने दिन ज्वाल-वसन्त हुआ?

पूछो सिकता-कण से हिमपति!
तेरा वह राजस्थान कहाँ?
वन-वन स्वतंत्रता-दीप लिये
फिरनेवाला बलवान कहाँ?

तू पूछ अवध से, राम कहाँ?
वृन्दा! बोलो, घनश्याम कहाँ?
ओ मगध! कहाँ मेरे अशोक?
वह चन्द्रगुप्त बलधाम कहाँ?

पैरों पर ही है पड़ी हुई
मिथिला भिखारिणी सुकुमारी,
तू पूछ कहाँ इसने खोयी
अपनी अनन्त निधियाँ सारी?

री कपिलवस्तु! कह, बुद्धदेव
के वे मंगल उपदेश कहाँ?
तिब्बत, इरान, जापान, चीन
तक गये हुए संदेश कहाँ?

वैशाली के भग्नावशेष से
पूछ लिच्छवी-शान कहाँ?
ओ री उदास गंडकी! बता
विद्यापति-कवि के गान कहाँ?

तू तरुण देश से पूछ अरे,
गूँजा यह कैसा ध्वंस- राग?
अम्बुधि-अन्तस्तल-बीच छिपी
यह सुलग रही है कौन आग?

प्राची के प्रांगण-बीच देख,
जल रहा स्वर्ण युग-अग्नि-ज्वाल,
तू सिंहनाद कर जाग तपी!
मेरे नगपति! मरे विशाल!

रे, रोक युधिष्ठिर को न यहाँ,

जाने दे उनको स्वर्ग धीर,
पर, फिरा हमें गांडीव-गदा,
लौटा दे अर्जुन-भीम वीर।

कह दे शंकर से, आज करें
वे प्रलय-नृत्य फिर एक बार।
सारे भारत में गूँज उठे,
'हर-हर-बम' का फिर महोच्चार।

ले अँगड़ाई, उठ, हिले धरा,
कर निज विराट स्वर में निनाद,
तू शैलराट्! हुंकार भरे,
फट जाय कुहा, भागे प्रमाद।

तू मौन त्याग कर सिंहनाद,
रे तपी! आज तप का न काल।
नव-युग-शंखध्वनि जगा रही,
तू जाग, जाग, मेरे विशाल!
(1933 ई०)

शहीद-स्तवन

[उनके लिए जो जा चुके हैं]

कलम, आज उनकी जय बोल।

जला अस्थियाँ बारी-बारी,
छिटकायी जिनने चिनगारी,
जो चढ़ गये पुण्य-वेदी पर लिये बिना गरदन का मोल।
कलम, आज उनकी जय बोल।

जो अगणित लघु दीप हमारे
तूफानों में एक किनारे,
जल-जल कर बुझ गये, किसी दिन माँगा नहीं स्नेह मुँह खोल।
कलम, आज उनकी जय बोल।

पीकर जिनकी लाल शिखाएँ
उगल रहीं लू-लपट दिशाएँ,
जिनके सिंहनाद से सहमी धरती रही अभी तक डोल।
कलम, आज उनकी जय बोल।

अन्धा चकाचौंध का मारा
क्या जाने इतिहास बिचारा?
साखी हैं उनकी महिमा के सूर्य, चन्द्र, भूगोल, खगोल।
कलम, आज उनकी जय बाल।

[उनके लिए जो जीवित शहीद हैं]
नमन उन्हें मेरा शत बार।

सूख रही है बोटी-बोटी,
मिलती नहीं घास की रोटी,
गढ़ते हैं इतिहास देश का सह कर कठिन क्षुधा की मार।
नमन उन्हें मेरा शत बार।

अर्द्ध नग्न जिनकी प्रिय माया,
शिशु विषण्ण-मुख, जर्जर काया,
रण की ओर चरण दृढ़ जिनके मन के पीछे करुण पुकार।
नमन उन्हें मेरा शत बार।

जिनकी चढ़ती हुई जवानी
खोज रही अपनी कुरबानी
जलन एक जिनकी अभिलाषा, मरण एक जिनका त्योहार।
नमन उन्हें मेरा शत बार।

दुखी स्वयं जग का दुख लेकर,
स्वयं रिक्त सब को सुख देकर,
जिनका दिया अमृत जग पीता, कालकूट उनका आहार।
नमन उन्हें मेरा शत बार।

वीर, तुम्हारा लिये सहारा
टिका हुआ हे भूतल सारा,
होते तुम न कहीं तो कब का उलट गया होता संसार।
नमन तुम्हें मेरा शत बार।

चरण धूलि दो, शीश लगा लूँ,
जीवन का बल-तेज जगा लूँ,
मैं निवास जिस मूक-स्वप्न का तुम उसके सक्रिय अवतार।

नमन तुम्हें मेरा शत बार।
[उनके लिए जो भविष्य के गर्भ में हैं]
आनेवालो, तुम्हें प्रणाम।

जय हो, नव होतागण! आओ,
संग नयी आहुतियाँ लाओ,
जो कुछ बने फेंकते जाओ, यज्ञ जानता नहीं विराम।
आनेवालो, तुम्हें प्रणाम।

टूटी नहीं शिला की कारा,
लौट गयी टकरा कर धारा,
सौ धिक्कार तुम्हें यौवन के वेगवन्त निर्झर उद्दाम!
आनेवालो, तुम्हें प्रणाम।

फिर डंके पर चोट पड़ी है,
मौत चुनौती लिये खड़ी है,
लिखने चली आग, अम्बर पर कौन लिखायेगा निज नाम?
आनेवालो, तुम्हें प्रणाम।
(1938 ई.)

जनतन्त्र का जन्म

[26 जनवरी, 1950 ई.]
सदियों की ठंडी-बुझी राख सुगबुगा उठी,
मिट्टी सोने का ताज पहन इठलाती है;
दो राह, समय के रथ का घर्घर-नाद सुनो,
सिंहासन खाली करो कि जनता आती है।

जनता? हाँ, मिट्टी की अबोध मूरतें वही,
जाड़े पाले की कसक सदा सहनेवाली,
जब अंग-अंग में लगे साँप हों चूस रहे,
तब भी न कभी मुँह खोल दर्द कहने वाली।

जनता? हाँ, लंबी-बड़ी जीभ की वही कसम,
"जनता, सचमुच ही, बड़ी वेदना सहती है।"
"सो ठीक, मगर, आखिर, इसपर जनमत क्या है?"
" है प्रश्न गूढ़ जनता इस पर क्या कहती है?"

मानों, जनता हो फूल जिसे एहसास नहीं,
जब चाहो तभी उतार सजा लो दोनों में;
अथवा कोई दुधमुँही जिसे बहलाने के
जन्तर-मन्तर सीमित हों चार खिलौनों में।

लेकिन, होता भूडोल, बवंडर उठते हैं।

जनता जब कोपाकुल हो भृकुटि चढ़ाती है;
दो राह, समय के रथ का घर्घर-नाद सुनो,
सिंहासन खाली करो कि जनता आती है।

हुंकारों से महलों की नींव उखड़ जाती,
साँसों के बल से ताज हवा में उड़ता है;
जनता की रोके राह, समय में ताव कहाँ?
वह जिधर चाहती, काल उधर ही मुड़ता है।

अब्दों, शताब्दियों, सहस्राब्द का अन्धकार
बीता; गवाक्ष अम्बर के दहके जाते हैं;
यह और नहीं कोई, जनता के स्वप्न अजय
चीरते तिमिर का वक्ष उमड़ते आते हैं।

सबसे विराट जनतंत्र जगत का आ पहुँचा,
तैंतीस कोटि-हित सिंहासन तैयार करो;
अभिषेक आज राजा का नहीं, प्रजा का है,
तैंतीस कोटि जनता के सिर पर मुकुट धरो।

आरती लिये तू किसे ढूँढ़ता है मूरख, मन्दिरों,
राजप्रासादों में, तहखानों में?
देवता कहीं सड़कों पर गिट्टी तोड़ रहे,
देवता मिलेंगे खेतों में, खलिहानों में।

फावड़े और हल राजदंड बनने को हैं,
धूसरता सोने से शृंगार सजाती है;
दो राह, समय के रथ का घर्घर-नाद सुनो,
सिंहासन खाली करो कि जनता आती है।
(1950 ई.)

परिशिष्ट
(संकलित कविताओं पर टिप्पणी)

मैथिलीशरण गुप्त

सिद्धराज-पंचम सर्ग

'सिद्धराज' कविवर मैथिलीशरण गुप्त का एक ऐतिहासिक खंडकाव्य है, जिसमें मध्यभारत के कुछ प्राचीन गणराज्यों के पारस्परिक सम्बन्ध और उनमें परस्पर संघर्ष और विजय कामना के बावजूद मानवीय गुणों की प्रतिष्ठा एवं देशभक्ति की भावना को लक्ष्य किया गया है। कवि की दृष्टि है कि वे गणराज्य अलग-अलग सत्ता रखते हुए भी एक दूसरे का समादर करते थे और इस प्रकार सत्ता के विकेन्द्रीकरण के होते हुए भी यहाँ एक राष्ट्रीय ऐक्य था।

इस काव्य के कथानक के सम्बन्ध में स्वयं कवि कहता है: "पुस्तक में जो घटनाएँ हैं, वे ऐतिहासिक हैं। परंतु उनका क्रम संदिग्ध है। इसलिए लेखक ने उसे अपनी सुविधानुसार बना लिया है। जो अंश काल्पनिक हैं, वे आनुषंगिक हैं और उनसे ऐतिहासिकता में कोई बाधा नहीं आती।" इस पुस्तक की सामग्री श्री कन्हैयालाल माणिकलाल मुंशी के सिद्धराज सम्बन्धी उपन्यासों, गौरीशंकर हीराचंद्र ओझा के द्वारा प्राप्त जानकारियों तथा चिन्तामणि विनायक वैद्य के इतिहास- ग्रंथ पर आधारित है। कवि ने इसे एक खंडकाव्य का रूप प्रदान किया है।

खंडकाव्य के प्रथम सर्ग में पाटन के राजा सिद्धराज की माता मीनल दे सामनाथ जा रही हैं और मार्ग में महोबे की एक क्षत्राणी द्वारा सूचना मिलती है कि सोमनाथ-दर्शन पर राज कर लगा हुआ है और जो तीर्थयात्री उक्त राज कर नहीं दे पाते. उन्हें बिना दर्शन वापस होना पडता है। यद्यपि वह पाटन राज्य का अंग था और सिद्धराज की ही ऐसी राजाज्ञा थी, फिर भी माता इससे अनभिज्ञ थीं। इस जानकारी पर मातुश्री मार्ग में से ही बिना दर्शन वापस होने का निर्णय घोषित करती हैं। अन्त में सिद्धराज देव-दर्शन पर राज कर हटाने की जब घोषणा करता है, तभी वे सोमनाथ जाती हैं।

द्वितीय सर्ग में मालव- नरेश नरवर्मा जब सिद्धराज मातुश्री के साथ सोमनाथ

गया था, उसी बीच पाटन पर आक्रमण कर देता है और राजमंत्री से विजय प्रतीक रूप में 'सोमनाथ यात्रा का फल' मौखिक रूप से प्राप्त कर बिना किसी जन-धन की हानि के चला जाता है। लौटने पर सिद्धराज यह समाचार सुनकर मालव पर प्रत्याक्रमण करके अपमान का बदला लेता है। बीच ही में नरवर्मा की मृत्यु हो जाती है और उसका पुत्र यशोवर्मा राज्याधिकारी बनता है। युद्ध चलता ही है- संधि में अपमान लगा। युद्ध में मालव हार गया -- सिद्धराज जयसिंह जीत गया, पर मालव के सेनापति जगद्देव ने मातृभूमि के लिए जिस वीरता का परिचय दिया, वह इस सर्ग का प्राणतत्त्व है। सिद्धराज जीतकर भी यशोवर्मा और जगद्देव के स्वतंत्रता- प्रेम से प्रसन्न हो उनका अवन्ती का राज्य उन्हें ससम्मान वापस करके लौट जाता है।

तृतीय सर्ग में सोरठ नरेश नवघन के चार पुत्र जब उसे पाटन से पुश्तैनी बैर का बदला चुकाने का वचन नहीं दे पाते और पौत्र खंगार यह बीड़ा लेता है तो वही उत्तराधिकारी घोषित होता है। सिन्धु के राजा की कन्या रानक दे, गृहदोष के कारण त्याग दी गयी थी और बचपन से ही सोरठ राज्य में एक कुम्हार के घर पोषित हो रही थी। उसके सौन्दर्य की सुगन्धि चारों ओर फैल गयी थी। मृगया के बहाने सिद्धराज जयसिंह उधर आया और उस रूपवती को देखकर मुग्ध हो गया। जब यह समाचार सोरठ-राज खंगार को मिला, उसने पहले ही पहुँचकर उस रूपवती का वरण कर लिया। यह समाचार पाकर सिद्धराज सोरठ पर चढ़ आया। उसने युद्ध में खंगार को तो मारा ही, रानक दे के सुकुमार शिशु की भी प्रतिशोध में हत्या कर दी। रानक दे ने इस पाशविक कृत्य पर उसे फटकारा और सिद्धराज को दृढ़तापूर्वक ठुकरा दिया। सिद्धराज को स्वयं अपने कुकृत्य पर ग्लानि हुई।

चतुर्थ सर्ग में सिद्धराज सपादलक्ष नरेश अर्णोराज पर आक्रमण करता है और उसे बंदी बनाकर लाता है। बंदीगृह में उसे देखकर सिद्धराज की कन्या उस पर मुग्ध हो जाती है और अर्णोराज भी उसकी ओर आकर्षित होता है। सिद्धराज अर्णोराज से कन्या का विवाह करके उसे मुक्त कर देता है।

पंचम सर्ग का महत्त्व : इस खंडकाव्य का पाँचवाँ और अन्तिम सर्ग इस रचना का ही निष्कर्ष नहीं है, अपितु मैथिलीशरण गुप्त की राष्ट्रीयता और राजनीति दर्शन का भी मूलमंत्र है। राष्ट्रकवि गुप्त की उदार राष्ट्रीय दृष्टि, शक्ति-शौर्य के साथ ही शांति और न्याय तथा जनगण की सुख-शान्ति की कामनाएँ इसमें पुंजीभूत हुई हैं। कथा तो इस सर्ग में इतनी ही है कि महोबे की राज्य-व्यवस्था, सुख-शान्ति और वहाँ के राजा मदन वर्मा के सुकृत्यों की चर्चा सुनकर सिद्धराज महोबा भ्रमण हेतु जाता है और वहाँ उसकी और मदन वर्मा की मैत्री होती है। फाल्गुन का मास है। वे रक्त

की होली न खेलकर रंग की होली खेलते हैं और खड्ग से नहीं, अपितु प्रेम से एक दूसरे को जीतते हैं : इन मिलन ने पाटन और महोबा को अलग राजसत्ता के होते हुए भी मानो एक सूत्र में पिरो दिया।

धार्मिक सहिष्णुता : इस सर्ग में कवि ने अपने धर्म के प्रति अडिग निष्ठा और उसके प्रति अक्षय स्वाभिमान के साथ ही अन्य धर्मों के समादर की भावना को व्यक्त किया है। जयसिंह के सम्बन्ध में वह कहता है :

होकर भी आप वह भक्त शिव-शक्ति का,
भावुक था दूसरों की धर्म-भावना का भी।

जीर्णोद्धार जैन मंदिरों का भी कराया था,

इस उदारता के साथ कवि की दृष्टि में हिन्दुओं में परस्पर पंथ -भेद उनकी एकता में बाधक है। इस संकीर्णता से भी वह उन्हें उबारना चाहता है। मदन वर्मा धार्मिक विभेद पर कहता है :

एक देव के भी यहाँ सौ-सौ भाग हो चुके।
हर-हर महादेव एक मंत्र रहते,
कोई जय बोलता है मात्र सोमनाथ की,
कोई महाकाल की, तो कोई एकलिंग की,
रह गये आप विश्वनाथ काशीनाथ ही।

आदर्श राज्य-व्यवस्था : कवि ने इस सर्ग में यह निरूपित करने का प्रयास किया है कि आदर्श राज्य वह है, जहाँ राजा प्रजा के हित में ही निरत हो। देश में सुख-समृद्धि हो, शान्ति हो और सबको धार्मिक-सामाजिक समानता का अधिकार प्राप्त हो। विजयकामी सिद्धराज अन्ततः इसी व्यवस्था में लीन होता है। वह मृगया के बहाने गाँवों में जाता है और एक ग्रामवासी से पूछता है :

" तुझको अभाव किस वस्तु का है कह तू"

ग्रामवासी उत्तर देता है :

"खेत कुआँ हैं तो और इष्ट क्या किसान को?
और गीत गान है तो कष्ट क्या थकान को?"

फिर भी कुछ ऋण पूर्वजों का लिया हुआ, उसका नैतिक बोझ है। सिद्धराज उसका ऋण अदा करके उसे प्रसन्न करता है।

दूसरी ओर महोबे का राजा मदन वर्मा भी प्रजा-सेवा में निरत है :

"देता और भोगता है शूर दोनों हाथों से

रात में भी जागता है और सोती है सुखी प्रजा।"

आज़ादी की जंग के सिपाही कविवर मैथिलीशरण भी इसी प्रकार की राज्य-व्यवस्था आज़ाद भारत के लिए आदर्श मानते थे।

शौर्य और शांति : कवि ने इस सर्ग में यह दिखाने का प्रयास किया है कि अपने शौर्य और स्वाभिमान के लिए युद्ध अनिवार्य होता है, पर अकारण युद्ध ठीक नहीं। जयसिंह और मदन वर्मा के व्यवहार इसी सिद्धान्त का पोषण करते हैं। मदन वर्मा का दूत जयसिंह से कहता है :

शत्रुजया जानते हैं मित्रता का मूल्य भी,
पाटन-महोबा मिल और भी महान हों।"

छोटे-छोटे गण- राज्य परस्पर मिलकर रहते तो भारत की स्वतंत्रता अक्षुण्ण रहती।

मदन वर्मा का विचार है कि यदि जयसिंह धन चाहता है तो उसे धन दे दिया जाय। यदि युद्ध चाहता है तो उससे भी उसे तृप्त किया जाय। पर जयसिह की जेता दृष्टि बदल चुकी है। अब वह प्रेम की जीत को सर्वोपरि मानता है। वह कहता है :

"जितना मिला है मुझे थोड़ा नहीं वह भी,
भोग लूँ उसी को क्यों न बैठकर शान्ति से?"

राष्ट्रीय एकता : इस सर्ग में कवि इतिहास के इस आख्यान के माध्यम से राष्ट्र की राजनीतिक एकता का मंत्र भी देता है। उसका मत है कि इस एकता के लिए व्यक्तिगत अहंकार और स्वार्थ बाधक है; एक समष्टि दृष्टि चाहिए। पहले भी जब राजनीतिक एकछत्रता थी तो राजा की दृष्टि व्यक्तिगत थी :

एकछत्र रक्खा चन्द्रगुप्त ने, अशोक ने,
विक्रम ने, हर्ष ने भी, किन्तु व्यक्तिगत ही।
देश है विशाल, दूर-दूर एक लोक-सा,
भार एक क्षत्रियों को, ईर्ष्या-द्वेष उनमें;
और लोभ कौन बड़ा होगा भला राज्य से?

पर राज्य सत्ता से उदासीनता भी राजा के लिए ठीक नहीं। इससे राष्ट्र में निर्बलता आती है। अत: कवि कहता है :

दूसरी दिशा में उदासीन हम हो रहे;
कोई क्यों न ले! ले राज्य छोड़ दिया राजा ने।

अत: परस्पर ईर्ष्या-द्वेषरहित होकर, एक दूसरे के प्रेम में बँधकर राजा को अपना राज्य सुचारु रूप से चलाना चाहिए, तभी राष्ट्रीय एकता बन सकेगी।

काव्य-वैभव : इस सर्ग में कवि ने मोहक प्रकृति-वर्णन प्रस्तुत किया है। साथ ही परस्पर संवादों में भाषा का ऐसा जीवंत और प्रभावकारी रूप प्रस्तुत हुआ है कि कवि का अभिप्राय उनमें से व्यंजित हो उठता है। इस काव्य में संवादों में नाटकीय तत्त्व की प्रधानता है। पूरी कथा एक उपन्यास की तरह पढ़ने की उत्सुकता प्रारंभ करते ही उत्पन्न हो उठती है और पाठक उसे समाप्त करके उसके रस में उसी प्रकार सिक्त हो उठता है जैसे जयसिंह और मदन वर्मा होली के रंग में एक दूसरे पर पिचकारी छोड़ते हुए सराबोर हो उठते हैं।

रामचरित उपाध्याय

जन्मभूमि

कविवर रामचरित उपाध्याय की राष्ट्रीय कविताओं के संकलन 'राष्ट्र भारती' में यह रचना संगृहीत है। इसमें कवि ने जन्मभूमि की महत्ता का प्रतिपादन किया है। कवि इस कविता के प्रत्येक छंद में एक-एक तर्क उपस्थित करता हुआ उसकी महिमा का बखान कर रहा है।

मातृभूमि का स्थान माता से भी बड़ा है। माता पूर्णतः पुत्र के प्रति निःस्वार्थ नहीं हो सकती, पर जन्मभूमि निःस्वार्थ सेवा करती है। मृत पुत्र को जननी त्याग देती है, तब यह धरती ही उसे अपनी गोद में स्थान देती है। वह पिता, गंगा आदि सभी आदरणीयों से महान है। कवि शुक और हंस का उदाहरण देकर बताता है. कि पक्षी होने पर भी उनकी जन्मभूमि- अनुरक्ति एक आदर्श है। कविता सरल और राष्ट्रभाव से पूर्ण है।

भव्य भारत

यह कविता भी 'राष्ट्र-भारती' में संगृहीत है। इसमें कवि ने भारत की भूमि की भव्यता को काव्यमय ढंग से रेखांकित किया है। वह इस भूमि को ईश्वर से अभिन्न मानता है। स्वर्ग से आकर गंगा जिस धरती का चरण पखारती है, जिसे चन्द्रमा अपनी अमृत किरणों से सींचता है, सूर्य, इन्द्र, पवन जिस धरती को सुख का आगर बनाये हुए हैं। पर्वत जिसे दुर्ग की सुरक्षा प्रदान करते हैं, समुद्र जिसके तीनों ओर खाई से घेरे हैं, नर-सिहों की यह भूमि अभय है। इसके रजताचल विन्ध्य और शीश पर स्वर्ण का सुमेरु पर्वत है। ज्वालामुखी पर्वत इसकी भीषण जीभ जैसे हैं। इस प्रकार यह विश्व में अनुपम है।

राम

प्रस्तुत कविता कविरचित कृति 'रामचरितचिन्तामणि' के 'राम' खंड का एक अंश है। इस अंश में कवि राम के चरित्र की विशेषताओं को इंगित कर रहा है।

कवि की दृष्टि में राम एक महापुरुष हैं। जिन्हें लोग ईश्वर समझकर सुखी होते थे, क्योंकि अवतार वही है, जो संसार का उद्धार करे और वेदों द्वारा प्रतिपादित मार्ग को निर्मल बनावे। इस प्रकार कवि रूढ़िवादी नहीं है। वह परंपरा के परिष्कृत और निर्मल स्वरूप का पोषक है और उद्धारक, को ही अवतार मानता है। इसीलिए राम उसके लिए देशोद्धारक, धीर-वीर, नीतिज्ञ, चतुर, विजयी और ज्ञानी थे। राम के रूप में कवि पराधीन भारत के लिए एक आदर्श अग्रणी का निरूपण करता है।

राम के राज्य में भय, रोग, अल्पमृत्यु नहीं थी। उन्होंने ने आचरण द्वारा पितृ-भक्ति, भ्रातृ-प्रेम परनारी और परधन का सम्मान करना हमें सिखाया। शबरी के हाथों फल खाकर आपने लोक-प्रशंसा प्राप्त की। केवट को गले लगाना, आपके छुआछूत को न मानने का प्रमाण है। बालि-वध द्वारा आपने अपने सत्यवादी और प्रणपालक होने का प्रमाण दिया। आपने पतिता अहल्या का उद्धार किया था। आज हजारों स्त्रियाँ बेसहारा हैं, उन्हें आप जैसा नायक चाहिए, जो उन्हें सहारा दिला सके। आपने जिस लंका को घोर समर द्वारा प्राप्त किया था, उसे सहज कृपापूर्वक विभीषण को दे दिया।

इस प्रकार राम के चरित्र में कवि ने भारतीय जीवन और संस्कृति के सभी उदार तत्त्वों का समावेश देखा है। कवि की दृष्टि नवीन तार्किक युग के अनुरूप ही राम को एक महामानव और लोकनायक के रूप में देखती है। उनमें भारत के नेतृत्व के नायक के लिए सभी अनुकरणीय आदर्शों का पुंजीभूत रूप है।

भारत का हित

कवि की अपने ढंग की अनूठी रचना 'देवसभा' है। इसमें देवताओं की सभा में एक स्वर्गस्थ भारतवासी इस कारण दु:खी है कि भारत से अधिक सुखकर उसे स्वर्ग भी नहीं लगता है। साथ ही भारत की पराधीनता एवं अंग्रेज़ों द्वारा उसके शोषण से भी वह दु:खी है और देवसभा से अभ्यर्थना करता है कि उसके स्वर्गोपम देश भारत के इस सन्ताप का हरण किया जाय। वह यह भी चेतावनी देता है कि यदि भारत की दुर्दशा पर ध्यान नहीं दिया गया तो भारतवासी स्वर्ग के देवों से भी असहयोग करेंगे। (असहयोग आन्दोलन का संकेत) इन्द्र उसे आश्वासन देते हैं कि मैं अन्य देवों से परामर्श करके कल तुझे कुछ उत्तर दूँगा।

दूसरे दिन पुन: देवताओं की सभा हुई। इन्द्र ने देवताओं के सामने भारत की भूरि-भूरि प्रशंसा की और स्वर्ग तथा भारत के अटूट संबंधों का बखान करते हुए भारतीय से पूछा कि तुम्हारी राय से ही भारत की पराधीनता हम दूर करने का उपाय करेंगे। इन्द्र के प्रस्ताव पर भगवान विष्णु पार्षदों को भेजते हैं जो मनुष्य रूप में

अवतरित होकर भारत को पराधीनता से मुक्त कराने के हेतु बनने वाले हैं। इस प्रस्ताव के पहले भारतीय उस व्यक्ति की गुणावली बताता है, जो भारत जाकर भारत का हित कर सकता है। वहीं से यह अंश संगृहीत किया गया है।

इस प्रसंग में स्वर्गस्थ भारतीय कहता है कि देवराज! भारत का हित स्वदेशी और स्वभाषा प्रेमी, सत्यवादी और दृढ़प्रतिज्ञ एवं दुष्टतापूर्ण आचरण से विरत व्यक्ति ही कर सकता है। उसमें जेल काटने, बेड़ी पहनने और प्राणोत्सर्ग करने की क्षमता भी होनी चाहिए। जो विदेशी वस्तुओं का त्यागी, खद्दरधारी और देश के लिए अपना सब कुछ न्योछावर करने वाला होगा, वही भारत का हित करने में समर्थ होगा। ऐसा ही पार्षद भारत भेजने की प्रार्थना वह करता है। कवि इसमें गांधी जी के व्यक्तित्व की झलक देकर उन्हें देवावतार बताना चाहता है।

माखनलाल चतुर्वेदी

कैदी और कोकिला

यह कविता 1930 ई. में जबलपुर सेन्ट्रल जेल में लिखी गयी थी, जब कवि बैतुल में जंगल सत्याग्रह में एक वर्ष की सज़ा पाकर बंदी था। डॉ. प्रभाकर माचवे ने इस सम्बन्ध में लिखा है कि "एक बार उन्होंने मुझसे कहा कि 'कैदी और कोकिला' की प्रेरणा उन्हें जेल में राम गणेश गडकरी 'गोविन्दाग्रज' की मराठी कविता 'अबेक तरि ही बोल, कोकिले, अबेक तरि ही बोल' से मिली। इस कविता में जेल-जीवन की कठिन ज़िन्दगी का भावपूर्ण चित्र प्रस्तुत किया गया है।

रात गहरा गयी है। सभी बंदी सो रहे हैं। अचानक कोयल 'कू-कू' बोल उठती है। कवि के प्रश्न कविता में फूट पड़ते हैं कि इन ऊँची काली कारा की दीवारों के भीरत डाकू, चोर, बटमारों का डेरा है। यहाँ कैदी को पेट भर खाना भी नसीब नहीं है। मरना भी संभव नहीं, तड़पना है और रात-दिन कड़ा पहरा है। रात अँधेरी है। इस अँधेरे में तू भी कालिमामयी क्यों जगी हो? तुम्हारी हूक का क्या कारण है? इस अँधेरे में नि:श्वासों, पहरेदारों के बूटों, संत्री की आवाज़ों और उनके द्वारा होने वाली एक-दो-तीन की गणना के स्वर ही सुनायी देते हैं। मेरी आँखों की प्याली आँसू से भरी है। इस समय तू मधुर गान क्यों गाने आयी हो? तुम भी एक विद्रोह गीत गा रही हो, पर तुम्हारा विद्रोह मधुर है, प्रेम जगानेवाला है ।

यहाँ कालेपन का ही शासन है। रात काली, शासन की करनी काली, काली काल-कोठरी, टोपी- कम्बली काली, लौह-शृंखला काली और तू भी काली है। इस काले समुद्र पर अपने चमकीले गीतों को लहराती तू भी मरने पर क्यों तुली है? आगे कवि इसी प्रकार की प्रश्नावलियाँ रखता हुआ उससे अपनी ज़ंजीरों, कोल्हू पेरने,

मिट्टी तोड़ने, पेट पर जुआ लगाकर मोट खींचने की व्यथा कहता है, पर उसमें अकड़ है कि वह अंग्रेज़ी राज की अकड़ को बेपर्दा कर रहा है। क्या इसी कारण द्रवित होकर तू करुणा बिखेर रही है?

अन्त में कवि कोकिल को स्वतंत्र और स्वतंत्र चेतना की धात्री बताता है। उसकी स्वतंत्रता और कैदी कवि की परतंत्रता की तुलना करता है। कोयल मैना. और तोते- सी वंदिनी नहीं होती। वह स्वतंत्र है और उसकी वाणी भी रटायी हुई वाणी नहीं, स्वतंत्र वाणी है। इसीलिए इस देश की सरस्वती (सरस्वती पुत्रों) द्वारा वह पूजित है।

इस प्रकार यह कविता कल्पना और यथार्थ का एक अद्‌भुत रसायन है, जिसमें वेदना, अहं, स्वाभिमान और विद्रोह के स्वर भावुक कवि की काव्यमयी भाषा में गुम्फित हैं।

अमर राष्ट्र

यह रचना 1938 ई० की है। कवि क्रान्तिकारियों और शान्तिवादियों, दोनों में समान श्रद्धा रखता है। इस कविता की ध्वनि से प्रकट हो रहा है कि 1935 ई० के अंग्रेज़ी शासन द्वारा दी गयी स्वायत्त शासन की सुविधा पर गांधी जी के नेतृत्ववाले समझौतावादी उदार दल से कवि असहमत है। 'लुटिया', 'डोरी,' 'माला', 'गंगाजल' आदि आध्यात्मिक प्रतीक छोड़कर कवि बलिदान का आह्वान कर रहा है। उसका कहना है कि वह सूली के पथ पर चढ़ना जानता है, सुविधा के मार्ग से वह दूर रहा है।

उसका आह्वान है कि कवियो! यह रस की बातों का समय नहीं है। यह तीर-कमानवाला समय है। इस समय मंदिर के पाषाण-देवों को पूजना और धन-संचय, दोनों व्यर्थ है। प्रलय-राग गाओ और बात-चीत, लेन-देन की आँख मिचौनी बंद करो। यह वैतरणी पार करने का नाटक छोड़कर कर में क्रान्ति का डाँड़ सँभालो और युग-नौका को खेओ।

नींव का पत्थर बनना कवि को श्रेयस्कर लगता है। वह सुधार समझौतोंवाली बातों को ठिठोली मानता है और घोषित करता है कि 'अमर राष्ट्र, उद्‌दण्ड राष्ट्र, उन्मुक्त राष्ट्र' यह उसकी बोली है। इस बोली में तिलक की वाणी की प्रतिध्वनि है। 'मुकुट' और 'सिंहासन' अंग्रेज़ राजसत्ता के लिए प्रतीक हैं। इनके द्वारा 'मूँछ मरोरी गयी'। अर्थात् भारत का अपमान हुआ है। अत: कवि 'लोटा डोरी' वापस देकर सिर लेकर बलि-पंथ पर अग्रसर है।

इस कविता में कवि का ओजस्वी क्रान्ति-नाद गुम्फित है। यह एक ऐतिहासिक महत्त्व की कृति है।

राष्ट्रीय झंडे की भेंट

यह रचना 1923 ई० में लिखी गयी, जब बिहार के हरदेवनारायण सिंह नागपुर में झंडा सत्याग्रह में नागपुर जेल में आये थे और वहीं उनका प्राणोत्सर्ग हुआ। जिस दिन शहीद हरदेवनारायण प्राण छोड़ रहे थे, नागपुर की एक सभा में सरदार वल्लभ भाई पटेल ने भाषण में कहा था कि अभी तक झंडे पर कोई मरा नहीं। शहीद हरदेव की अर्थी को सरदार पटेल और माखनलाल चतुर्वेदी जैसे बड़े नेताओं ने कंधा दिया था।

यह रचना शहीद को श्रद्धांजलि मात्र नहीं है अपितु एक इतिहास है। आज़ादी के इतिहास का एक स्वर्ण पृष्ठ है। इसमें कवि हरदेव के द्वारा सत्याग्रह में जाने के पूर्व माँ और बाबा से आशीष माँगने और जेल से लौट आने के आश्वासन से प्रारंभ करता है। जब वह झंडा लेकर बढ़ता है तो कैद होता है। सज़ा मिलती है। शरीर पर प्रहार, गिट्टी, मोट, चक्की, कोल्हू का जेल में उपहार मिलता है। वह माता मातृभूमि के लिए सब कुछ सह लेता है।

वह दुर्बलकाय तरुण असहनीय व्यवहारों से रुग्ण और शय्याग्रस्त हुआ, पर उसका मनोबल नहीं गिरा। 'माफ़ी माँगने का प्रस्ताव हुआ, पर उसने झंडा हाथ में लेकर मातृभूमि पर मरना स्वीकारा। उसने बिहार की अपनी मातृ धरती को प्रणाम करके अपने प्राणों से राष्ट्राध्वज का मान रखा। कवि कहता है कि अरे! तू शीघ्र चला गया, तेरे द्वार पर विजय आ ही रही थी। मैं तेरी अर्थी को कंधा दूँ या तेरे पूजनीय पथ पर चल पड़ूँ? इस छोटी कविता में स्वाधीनता का इतिहास, दर्द, वेदना और प्रचण्ड आत्मविश्वास एवं शौर्य एक साथ संकलित हैं।

बालकृष्ण शर्मा 'नवीन'

खोज

यह कविता 1930 ई० में गाज़ीपुर के जिला कारागार में लिखी गयी थी, जहाँ कवि राजबंदी था। कविता प्रेमी कवि के हृदय की उड़ान को व्यक्त करती है। उसकी चेतना उसे झकझोरती है कि तुम आँखों से आँसू के नग ढस्काकर गली-गली में अपने प्रिय की खोज में क्यों भटक रहे हो। कहीं इस भटकाव में असली और नकली प्रेमी का भेद न भूल जाना।

क्रान्ति पथिक के टूटे जीवन का जीवन-संगी और उसके मन की आशाओं का मिल पाना कठिन होता है। अत: वह अपने को प्रबोध देता है कि अब प्रिय की ढूँढ़-खोज में समय न गँवाओ, अभी तुम्हें अपने कर्मपथ की लम्बी दूरी पार करनी है। इस संसार में कोई किसी का नहीं है, यहाँ के नाते सब चलताऊ हैं। हंस पक्षी

की भाँति मानव आत्मा रूपी हंस भी अकेला ही आता और अकेला ही जाता है।

जीवन में जहाँ प्रिय की खोज है, बड़ी गलतफहमियाँ भरी हैं। दु:ख है, अँधेरा है। मादक प्रेम की घनी छाया कर्म पथ को भी अँधेरा बनाती है। अत: कवि कहता है कि ऐ मेरे मन! क्या तुम्हारी बुद्धि का दीवाला निकल गया है। अरे, तू इस अंधकार में ज्ञान का उजाला ढूँढ़ और वह तुझे अपने कर्म पथ से मिलेगा।

भरत खंड के तुम हे जन-गण

यह कविता 1955 ई० में आज़ादी के 8 वर्ष बाद की हैं, जब कवि दिल्ली में लोकसभा का सदस्य था। इस कविता में कवि भारत की जनता को संबोधित कर रहा है कि भारत माता के धूलिकण में जो चमक है वह तुम्हारी बलिदानी रक्तधारा की चमक है। तुम्हारे पार्थिव रूप में मन, बुद्धि, चेतना और अहंकार चतुष्टय और तुम्हारे भीतर कला, काव्य, इतिहास, संगीत से लेकर तात्त्विक चिन्तन, साधना एवं दर्शन सन्निहित है। यह तुम्हारी पूर्ण सांस्कृतिक सम्पत्ति है और धरती का वास्तविक धन है।

कवि का आह्वान है कि सब मिलकर इस धरती को और उसके भण्डारं को भर कर सजाएँ। सब साथ-साथ सारंगी के तारों और सहवाद्य की तरह सम्मिलित रूप में कार्य करें।

सभी भारतवासी एक हैं। उनका धाम भारत, नाम भारतीय, उनकी प्रतिज्ञा भारतीयता और उनका प्राण- स्वर भारतीय संस्कृति है। सबमें एक ही राग है, एक साथ कार्य करना, एक साथ रुकना और सब मिलकर सर्वोदय का गायन करना। श्रेय और प्रेय अर्थात् जो श्रेष्ठ आदर्श हैं और जो प्रिय यथार्थ है, दोनों का समन्वय करके तुम मानवता के इतिहास का नया सबेरा लाओ। इसके लिए तुम्हें पसीना बहाकर श्रम करके प्रात: से सायं तक का आराधन करना है। इसी से भारत भव्य होगा। पथ-निरीक्षण

यह कविता कवि के बंदी जीवन में 1934 ई0 में अलीगढ़ जिला कारागार में लिखी गयी है। इसमें युवकों को क्रान्ति पथ पर चलने को ललकारा गया है। विजय उसकी होती है, जिसकी कलाई में ताकत होती है और जो सिर हथेली पर लेकर चलता है, उसे ही आशीष मिलती है। विजय और धरती बलवानों का ही वरण करती हैं। विजय का पथ 'खाला का घर' नहीं है। इस पथ पर अंजलि में भरकर रक्तदान करना पड़ता है। यह जीवन तुच्छ है, इसे श्रेष्ठ लक्ष्य के लिए अर्पित कर देना ही श्रेयस्कर है।

विजय कब मिलेगी, यह विचार छोड़कर स्वतंत्रता की रणचंडी का खप्पर

अपने रक्त से भरने आगे बढ़ा। इस मार्ग में धीमी गति, जयकार की मंद आवाज़, निरुत्साह व तिरस्कार की वाणी की परवाह न करके तुम हिमालय की तरह अपने लक्ष्य पर अडिग रहो। अपने जीवन की सभी उमंगें जलाकर उन पापों को धोना है जिसके चलते देश पराधीन हुआ। सदियों पुरानी गुलामी की ज़ंजीर को यौवन की बलि देकर तोड़ना है।

अतः क्रान्ति की अग्नि जलने दो, जिसकी लौ आकाश तक पहुँचे और प्राचीन दुर्गों के ध्वंसों में अपनी विजय पताका फहरा दो। पथ की कठिनाइयों का विचार न करके तुम आगे बढ़ो, भले ही तुम्हारी अस्थियाँ हारी और थकी हों। यह एक आह्वान गीत है, जिसमें क्रान्ति की ललकार है।

जूठे पत्ते

यह 1937 की रचना है, जब कवि जेल के बाहर था। मानव को जूठे पत्ते चाटते देखकर कवि ने विप्लव का यह गीत गाया है। इस विषमता पर भी विप्लवकारी न कहलाने को वह कापुरुष और अत्याचारी कहता है। वह ईश्वर का भी गाला घोंटना चाहता है, जिसने ऐसी विषमता निर्माण की। नर स्वयं नारायण है, वह अपना भवितव्य स्वयं बनावे । तू भिक्षापात्र फेंककर आगे आ और इस विषमता की व्यवस्था को, भूख और असंस्कृति के इस आरोपित बोझ को तू उतार फेंक। इस कविता में कवि के समतावादी प्रगतिशील विचार सन्निहित हैं, जिन पर आर्थिक क्रान्ति का प्रभाव है।

ओ मजदूर किसान, उठो

यह रचना 1943 में केन्द्रीय कारागार बरेली में लिखी गयी थी। इसमें मज़दूर-किसानों को समता स्थापन की विश्वव्यापी लहर के साथ उठने और स्वतंत्रता का झंडा हाथ में लेकर आगे बढ़ने को ललकारा गया है। स्वतंत्रता के सूर्योदय के साथ कवि शोषण के शासन का अन्त भी चाहता है। वह मज़दूर-किसानों की रचनाधर्मिता और उनके द्वारा ही निर्मित अर्थ-व्यवस्था और कला-कौशल का उन्हें स्मरण दिलाता है और : परतंत्रता के पाश को काटने का उनसे आह्वान करता है।

यह कविता भी कवि के समाजवादी शोषणविहीन समाज रचना की कल्पना । का मूर्त रूप प्रस्तुत करती है।

रामधारी सिंह 'दिनकर'

मंगल-आहान

यह 'रेणुका' संग्रह में संकलित 1933 ई० की रचना है। इसमें कवि अपनी वाणी में उस रागिनी का स्वर चाहता है जो सूर, तुलसी और अन्य पूर्ववर्ती कवियों

की वाणी में उतरे थे। वह धूलिकण से लेकर पारिजात पुष्प तक को लेखनी का विषय बनाना चाहता है, जिसमें भूत का इतिहास, वर्तमान का चित्र और भविष्य की संभावनाएँ निहित हों। वह स्वरसम्राट परमात्मा से वह स्वर माँगता है जिसमें वह उस युग-धर्म का गान कर सके, जिससे वीर नर-सिंहों की इस भारतभूमि में, जो अँधेरी गुफा बन गयी है, जागरण की हुंकार उठ पड़े। इस कविता में कवि के द्वारा अभीप्सित उन काव्य-विषयों का उल्लेख है, जिन पर वह काव्य-रचना करना चाहता था।

हिमालय

यह रचना कवि की बड़ी प्रसिद्ध कृति है। यह भी 'रेणुका' संग्रह में संकलित रचना है, जो 1933 ई० में लिखी गयी थी। इसमें हिमालय के प्रतीक से भारत को जागरण का संदेश दिया गया है। प्रारंभ में कवि हिमालय की महिमा का गान करता है। आगे वह उसे 'ज्वालाओं से दग्घ विकल स्वेदश' की ओर आकर्षित करके उसके उस पूर्व रक्षक रूप का स्मरण कराता है जब वह भारत पदाक्रान्त करने आनेवाले विदेशियों को रोक देता था। आज वही स्वदेश, वही पुण्यभूमि संकट में पड़ी है। वह पुरान इतिहास के पृष्ठों का स्मरण करता है। आज 'द्रुपदसुता' के बाल खुल रहे हैं, चित्तौड़ पराधीन है, पर वहाँ जौहर की ज्वाला नहीं जली, राजस्थान गुलाम पर राणाप्रताप का कहीं पता नहीं, अवध के राम, वृन्दावन के कृष्ण, मगध के अशोक, चन्द्रगुप्त आज क्यों नहीं जन्म लेते?

आज मिथिला की शान धूलधूसरित है, बुद्ध की कपिलवस्तु बुद्ध के मंगल उपदेशों से शून्य है, वैशाली में प्राचीन लिच्छवी वंश का गौरवपूर्ण इतिहास आज नहीं है, गंडकी नदी उदास है, क्योंकि आज कोई विद्यापति का गान उसके तट पर नहीं गूँजता। अर्थात् आज न भारत की संस्कृति, न इतिहास और न उसका ही साहित्य अपने स्वाभाविक उत्कर्ष को प्राप्त कर पा रहा है।

वह आगे नगाधिराज हिमालय से कहता है कि आज पूरब के इस प्रांगण, में आनेवाले स्वर्णयुग की आग सुलग रही है। इसमें तू सिंह गर्जना कर और वीर पुरुषों को जाग्रत कर। आज युधिष्ठिर से शान्तिवादियों को नहीं, अर्जुन से धनुर्धर और भीम से वीरों को हमें दे। आज शंकर के प्रलय नृत्य और हर हर बम की आवश्यकता है, जिससे देश का अँधेरा फट जाय और आलस्य दूर हो सके। नये युग की शंखध्वनि हो रही है, इसमें भारतवासी जगकर सिंहनाद करें, तभी स्वर्णिम प्रभात आयेगा।

इस रचना में एक श्रेष्ठ काव्य के रूप में स्वातंत्र्यचेतना का आह्वान किया गया है।

शहीद- स्तवन

यह कविता 'हुंकार' संग्रह में संकलित है और 1938 की रचना है। यह कविता भी 'हिमालय' की ही भाँति अपने युग की बड़ी प्रसिद्ध रचना है। इसमें दिवंगत शहीदों के प्रति कवि भावपूर्ण शब्दों में कहता है- कलम आज उनकी जय बोल, जिन्होंने देश के लिए सर्वसमर्पण कर दिया और उनकी महानता के साक्षी चन्द्रमा, सूर्य, इतिहास और भूगोल हैं। कविता के दूसरे भाग में वह जीवित शहीदों को शत बार नमन करता है, जो स्वयं कष्ट झेल रहे हैं, जेल या जंगल में घास की रोटी के लिए तड़प रहे हैं, जिनकी पत्नियाँ अर्द्धनग्न और बच्चे मलिनमुख व जीर्णकाय पड़े हैं, पर वे अपने बलिदान के पथ पर अग्रसर हैं। कविता के तृतीय भाग में कवि 'भविष्य के गर्भ में पड़े शहीदों' को आमंत्रण देता है कि यह राष्ट्र यज्ञ है। इसकी आहुति रुकनी नहीं है। जल की निर्झर-धारा निरन्तर प्रहार से शिला तोड़ देती है तो तुम्हारे वेगवान यौवन की धारा भी परतंत्रता की धारा अवश्य तोड़ देगी। तुम आज अपना नाम उस इतिहास में लिखा लो, जो आग की लपटें आकाश में लिखने जा रही हैं, अर्थात् क्रान्तिकारियों और शहीदों में तू भी अपना नाम लिखा ले।

जनतंत्र का जन्म

यह कविता 'नील कुसुम' संग्रह में संकलित है और 26 जनवरी 1950 के प्रथम गणतंत्र दिवस पर लिखी गयी है। यह कविता भारत के भावी लोकतंत्र का दिशा-बोध कराने वाली है। इसमें भारत के शासन- सूत्र को सँभालने वालों को कवि ने सावधान किया था कि राज-सिंहासन पर अंग्रेज़ को बदलकर भारतीय के बैठने भर से जन-राज्य का मकसद पूरा नहीं होता, अपितु जनता का राज्य स्थापित करने से होगा।

'सिंहासन खाली करो कि जनता आती है' यह टेक इसी ओर संकेत करती है कि जैसे जन-शक्ति ने अंग्रेज़ों से सिंहासन खाली करा लिया, उसी प्रकार जब भी 'जन'' की उपेक्षा होगी, वह क्रान्ति द्वारा सिंहासन खाली करा लेगी। इसमें जनता के दो रूपों का चित्रण किया गया है। पहले तो सहनशीलता की मूर्ति है, जो घोर दुःख, कष्ट और वेदना सहज सहती रहती है। वह फूल की तरह अनजान है; उसे तोड़कर जिस दोने में सजा लो-या वह दुधमुँही बच्ची है जिसे चार खिलौने देकर बहला दो। उसका दूसरा रूप यह है कि जब वह क्रोधित होकर भौंहे टेढ़ी करती है तो भूडोल और बवण्डर आ जाते हैं यानी क्रान्तियाँ होती हैं। उसकी हुंकारों से महल ढह जाते हैं और मुकुट हवा में उड़ जाते हैं। अतः जनता को अधिक काल तक मूर्ख नहीं बनाया जा सकता।

कवि 26 जनवरी, 50 के दिन ही आगाह करता है कि आज विश्व का सबसे

बड़ा जनतंत्र जनम ले रहा है। अतः ऐसा सिंहासन बनाओ, जो यहाँ के कोटि-कोटि जन का हित चिन्तक हो। आज राजा का नहीं, प्रजा का अभिषेक है। अतः मुकुट जनता के सिर पर रखो यानी ऐसा राज्याधिकारी हो, जो जनता को अपना स्वामी समझे।

गणतंत्र दिवस पर मंदिरों, मस्जिदों, राजमहलों और धनिकों के तहखानों में दीपमाला सजायी गयी। इस पर कवि का व्यंग्य है कि यहाँ वह देवता नहीं है, जिसकी आज आरती उतारनी है, वह देवता तो सड़कों पर गिट्टी तोड़ता मज़दूर और खेतों-खलिहानों में कार्यरत किसान है।

इस कविता में कवि ने एक भविष्य-द्रष्टा के रूप में भारतीय गणतंत्र की आकांक्षा व्यक्त की थी। कविता के विचारपक्ष के साथ उसमें भावपक्ष और कलापक्ष का भी मणि- कांचन संयोग हुआ है। 'मिट्टी सोने का ताज पहनकर इठलाती' या 'फावड़े और हल राजदंड बनने को हैं, धूसरता सोने से श्रृंगार सजाती है।' जैसी मोहक काव्य पंक्तियाँ इस कविता की विचारभंगी में भावुक सरसता और कलात्मक चारुता का संचार करती हैं।